教育理论与实践研究前沿

基础教育

本书受新疆心智发展与学习科学重点实验室、新疆师范大学博士科研启动基金资助

基于认知学术语言能力发展的数学教学设计

焦江丽／著

知识产权出版社

全国百佳图书出版单位

—北京—

图书在版编目（CIP）数据

基于认知学术语言能力发展的数学教学设计 / 焦江丽著 . —北京：知识产权出版社，2024.6

ISBN 978-7-5130-9238-8

Ⅰ.①基… Ⅱ.①焦… Ⅲ.①语言教学—教学设计

Ⅳ.① H09

中国国家版本馆 CIP 数据核字（2024）第 030883 号

责任编辑：王颖超　　　　　　　　责任校对：谷　洋
封面设计：杨杨工作室·张冀　　　责任印制：孙婷婷

基于认知学术语言能力发展的数学教学设计

焦江丽　著

出版发行：知识产权出版社有限责任公司	网　　址：http://www.ipph.cn
社　　址：北京市海淀区气象路 50 号院	邮　　编：100081
责编电话：010-82000860 转 8655	责编邮箱：wangyingchao@cnipr.com
发行电话：010-82000860 转 8101/8102	发行传真：010-82000893/82005070/82000270
印　　刷：北京建宏印刷有限公司	经　　销：新华书店、各大网上书店及相关专业书店
开　　本：880mm×1230mm　1/32	印　　张：9.25
版　　次：2024 年 6 月第 1 版	印　　次：2024 年 6 月第 1 次印刷
字　　数：200 千字	定　　价：59.00 元

ISBN 978-7-5130-9238-8

序

  《基于认知学术语言能力发展的数学教学设计》一书是在焦江丽教授的博士学位论文的基础上完成的。本书立足于民族地区国家通用语言文字教育事业的发展，以具体数学课程知识与认知学术语言能力相结合为视角，提出了进一步提高民族地区国家通用语言文字数学教学质量的教学模型和教学策略。焦江丽教授一直致力于国家通用语言文字教育和语言心理研究，在该领域成果丰硕。本书的出版也为民族地区从事国家通用语言文字教育的研究者和一线教师提供了理论和实践参考。

  本书的核心之处在于从理论上构建了基于认知学术语言能力发展的数学教学模型（BD–CALP）。该模型以语言习得理论、信息加工理论、最近发展区理论和课语整合式学习理论为视角，以"语言与数学知识"整合式教学设计为主线，其内容包括"认知学术语言与数学知识"整合式最近发展区、"语言与知识"整合式教学设计、互动式课堂和教师脚手架策略四个结构。BD–CALP 模型的构建，从理论上论述了在国家通用语言文字教育背景下，学生的认知学术语言与数学知识整合式发展的过程，这一过程遵循整合式和阶段式发展的原则，以语言理

1

解、语言加工和语言表达为信息加工基础，实现数学认知学术语言能力的发生、完善和提升。依据 BD-CALP 理论模型，本书进一步提出了将理论运用于实践的教学方案，主要包括"语言与数学知识"整合式的教学目的、"语言与数学知识"整合式教学内容、基于 BD-CALP 模型的教学策略。其中，"语言与数学知识"整合式的教学设计是这一方案的主体框架，脚手架式的教学策略是这一方案的主要内容。

民族地区国家通用语言文字教育的进一步发展，需要该领域的学者从学术理论的视角提出相关的教学模型和策略。本书正是在这一背景下，提出了基于认知学术语言能力发展的数学教学模型和教学方案，书中的观点和理论能够为民族地区国家通用语言文字教育质量的提升提供理论支持。

新疆师范大学心理学院教授

闻素霞

2024 年 4 月

目　录

第一章 绪 论

第一节 国家通用语言教育中的数学教学

全面推行国家通用语言文字（以下简称国家通用语言）的使用是我国语言文字工作的首要任务，而有效地开展国家通用语言文字教学活动是贯彻落实我国语言文字政策和方针的必然途径。❶

国家通用语言数学教学是国家通用语言学科教学的重要组成部分。学生是国家通用语言学习的主要群体之一，学校是学习和使用国家通用语言的重要场所，使用国家通用语言进行学科教学能够有效地实践《国家通用语言文字法》。数学的学习是抽象逻辑思维能力发展的前提，基于国家通用语言的数学能力发展对理科知识的学习也有一定的影响。例如，在初高中阶段的物理、化学和生物等理科知识学习过程中，经常会使用数学运算、问题解决等数学知识。国家通用语言数学知

---

❶ 耿玉玲. 浅析情境教学法在国家通用语教学中的运用［J］. 汉字文化，2019（3）：78–80.

识的学习为学生理科知识的学习提供了保障。此外，从语言与思维发展的关系来看，使用国家通用语言进行的数学教学，有利于学生形成以国家通用语言为概念表征形式的认知能力，也有利于学生形成以国家通用语言形式进行数学问题解决的思维方式。

在国外以英语为通用语言的学科教学中发现，学生如果仅仅掌握了通用语言的简单日常会话技能是很难顺利完成课堂学习的。卡明斯（Cummins）认为，课堂学习环境中需要更高层次的课堂思维技能（如分析、综合和评价等），这种环境中缺少语言丰富和有支持效果的上下文，属于"上下文减少"的环境。因此，课堂环境中使用的语言与日常生活用语存在差异。基于这一认识，卡明斯将通用语言环境中的语言类型分为两类：与日常生活有关的"基本人际交流语言能力"和与知识学习有关的"认知学术语言能力"。卡明斯认为，在具体的学科教学中，一般较多地使用与这一学科知识相关的语言，而较少使用日常生活用语；认知学术语言能力主要指与该学科知识相关的语言运用能力，并与专业知识的学习密切联系。❶在通用语言课堂教学中，学生掌握通用语言的认知学术语言能力与其学业成绩之间存在显著相关。仅仅掌握简单的基本人际交流能力不足以实现课堂知识的学习，认知学术语言能力是进行学科知识学习的前提，有效地发展学生的认知学术语言能力，方能

---

❶ CUMMINS J. BICS and CALP: Empirical and Theoretical Status of the Distinction [M]// HORNBERGER N H. Encyclopedia of Language and Education. Boston, MA: Springer, 2008.

应付通用语言的课堂知识学习。否则，将会出现通用语言教学失败的情况。

奥马利（O'Malley）和查莫特（Chamot）提出了"认知学术语言学习"（Cognitive Academic Language Learning Approach，CALLA）教学模型。该模型是在语言习得理论和认知理论的基础上提出的基于认知学术语言学习的学科教学方法，主要是通过将认知学术语言的学习植入知识学习中，使学生在掌握通用语言认知学术语言的同时学习科学知识。❶"认知学术语言学习"教学模型的目的在于发展以"英语"为通用语言且英语不熟练学生的认知学术语言能力，以帮助这些学生适应主流课程的学习。该教学模型结合了基于课程内容的通用语言能力学习策略，帮助学生理解和记忆相应的学科知识。这一模型主要应用于科学、数学和社会这三门课程的教学中，并取得了一定的成效。❷"认知学术语言学习"教学模型发现，在学生通用语言不熟练的情况下，理科类的课程（数学、物理、化学、科学等）易于从认知学术语言能力发展的视角进行教学，也易于以此提高学生的理科成绩。

近年来，教育神经科学的研究成果也为这一教学模型的构建提供了证据。有研究发现，人类的数学加工能力具有某种先天的遗传机制，婴儿和没有语言能力的动物先天具有识别数量

---

❶ DICKER C. The CALLA Handbook：Implementing the Cognitive Academic Language Learning Approach［J］. Tesol Quarterly，1994，28（3）：647-648.

❷ CHAMOT A U，O'MALLEY J M. The Cognitive Academic Language Learning Approach：A Bridge to the Mainstream［J］. TESOL Quarterly，1987，21（2）：227-249.

的能力。[1] 数量加工与语言加工在大脑中分别处于不同的位置。因此，有些语言缺失的病人仍然具有良好的计算能力和基本数量加工能力。[2] 数学信息的加工与语言加工存在大脑功能的特异性，教学工作者应该在了解这一差异的基础上，在实际的教学中正确处理数学知识学习与语言学习的关系。[3] 这些证据说明，数学知识的加工与语言加工具有可分离性，是彼此独立的。在国家通用语言的基本生活用语掌握不熟练的情况下，只要充分掌握与这门课程知识相关的国家通用语言，仍然能够学好这门课程。脑科学的研究证据为以数学为基础的理科类通用语言教学的可行性提供了科学支持。因此，在国家通用语言数学教学中，即便学生的国家通用语言的基本生活用语掌握不熟练，在充分掌握国家通用语言数学认知学术语言的基础上，仍然可以较好地学习数学知识。

目前，在国内的国家通用语言教学中，较多研究者将国外的理论进行翻译和介绍，并提出对国家通用语言教学的一些启示。在这一领域的国内研究中，缺少构建符合我国学生认知发展和国家通用语言发展规律的教学理论框架，也缺少依据理论进行国家通用语言数学教学的课堂教学改进研究。基于以上分析，本书从数学认知学术语言能力发展的视角进行国家通用语

[1] BRANNON E M, ABBOTT S, LUTZ D J. Number Bias for the Discrimination of Large Visual Sets in Infancy [J]. Cognition, 2004, 93 (2): 59–68.

[2] PRICE G R, HOLLOWAY I, RÄSÄNEN P, et al. Impaired Parietal Magnitude Processing in Developmental Dyscalculia [J]. Current Biology, 2007, 17 (24): 1042–1043.

[3] 杨红，王芳，周加仙，等. 数学学习的认知与脑机制研究成果对数学教育的启示 [J]. 教育发展研究，2014 (22): 37–43.

言数学课堂教学改进的研究，为改善课堂教学效率提供理论支持。这一问题解决的出发点，基于以下考虑：

首先，数学认知学术语言能力的发展可以成为学生数学知识掌握的保障。国外通用语言教学的相关研究发现，由于数学等理科知识具有较强的符号性，语言表达中具有较多的共通性和较少的语法规则，更适宜于使用以"认知学术语言能力发展"为基础的教学方式。这种教学方式将通用语言的学习融入具体的学科知识中，不仅能够提高学生的通用语言能力，也能提高其学科知识水平。数学认知学术语言能力指与数学知识相关的语言理解和运用能力，与数学知识的学习紧密相关。在国家通用语言的基本生活用语掌握不熟练的情况下，将学习重点放在与数学知识相关的数学认知学术语言的学习中，通过使用一定的教学策略，提高教师的教学效率和学生的学习效率。数学认知学术语言能力的提升与数学知识的学习密不可分，语言是知识的载体，知识通过语言进行表达。通过提升数学认知学术语言的理解能力，能够更好地理解国家通用语言形式的数学知识；通过提升数学认知学术语言的表达能力，能够更好地运用国家通用语言形式的数学知识。基于数学认知学术语言能力发展的数学教学，将国家通用语言的学习融入数学知识的学习中，以掌握数学认知学术语言能力为基础，提高学生的数学知识水平和数学成绩。这种教学方式的优点在于，即使学生对国家通用语言中的日常生活用语使用不熟练，仍然不影响其对数学知识的学习。因此，基于数学认知学术语言能力发展的数学教学，为数学知识的有效学习提供了可能性。

其次，基于数学认知学术语言能力发展的教学设计可以为教师的有效教学提供理论依据。"有效"原本是一个经济学的概念，"有效教学"指教师充分利用教学资源以使教学效果达到较好的状态，教学收益达到较好的标准。[1]对于一堂数学课而言，有效的课堂教学指通过这一堂课的教学，使学生达到教学目标所阐述的标准，获得相应的知识和技能。基于数学认知学术语言能力发展的教学强调从教学设计出发，体现出国家通用语言学习与数学知识学习整合式的教学方式：将语言学习目标和数学知识学习目标同时作为教学目标；将语言学习与数学知识学习相结合；将语言学习的教学策略与数学知识学习的教学策略相结合；将语言能力的提升与数学知识的掌握同时作为教学评价的内容。在课堂教学实施之前，教师需要根据学生国家通用语言的掌握情况和具体的课程内容进行学情分析，以便从教学目标、教学内容、教学方法和教学评价四个方面，进行"语言与数学知识"相结合的教学设计。只有将教学设计做到合理化，符合学生语言能力发展和数学知识发展的最近发展区，才能通过课堂教学有效地提高学生的国家通用语言能力和数学成绩。

因此，在国家通用语言数学课堂教学中，充分利用教学资源，尝试以提高国家通用语言中数学认知学术语言能力为突破口，进行"语言能力发展和数学知识水平提升"相结合的教学设计，以此提高教师的教学效率和学生的数学成绩。

---

[1] 崔允漷.有效教学[M].上海：华东师范大学出版社，2009：14.

第二节 认知学术语言与数学教学

根据国际文凭组织（the International Baccalaureate Organization，IBO）对"通用语言数学教学"的定义，主要指在具体学科教学中，使用该国家的通用语言进行相应数学课程的教学。例如，以英语为通用语言的"浸入式数学教学"，是使用通用语言进行数学教学的形式之一。通用语言学科教学不同于单纯的通用语言学习，它是将通用语言的学习融入具体学科知识学习中，这种教学方式不仅能够提高学生通用语言的学习兴趣和效率，也能为学生科学知识的学习奠定良好的语言基础。通用语言数学教学的目的主要在于，使用通用语言进行数学知识的讲授，学生在学习结束后，数学能力达到相应课程标准的要求，并为后继的学习和深造奠定基础。在通用语言的数学学习过程中，特别强调基于通用语言问题解决能力的提升。语言学习主要分为三个连续发展的阶段：初级的语言理解阶段、随后的语言开始阶段和最终的语言获得阶段。有研究发现，语言初级理解阶段对问题解决的策略选择和运用有显著影响。❶ 因此，国外以英语为通用语言的学科教学强调对数学问题的"理解"是

---

❶ WINSTEAD L. Authentic Language Opportunities：An Alternative Dual Language Model（ADLM）[J]. Online Submission, 2006：1–55.

这一学习过程顺利进行的前提。此外，由于数学这一科目的重要性，无论是在国际中学教育中，还是在 IBO 课程系统中都是必选科目。同时，数学也是进行自然科学知识学习的基础，在各个国家的教学计划中都属于基础学科。本书在梳理国外以"英语"为通用语言进行数学教学的相关研究基础上，总结出国外在这一领域的研究问题主要集中在以下几个方面。

一、通用语言数学教学中的知识表征

在通用语言数学教学的研究中，众多研究者一致认为，影响通用语言数学教学的主要因素是"语言因素"，特别是不同语言在知识表征上的差异。❶语言由词汇和句子进行表征，概念由词汇进行表征，概念在头脑中的存储形式随着通用语言的熟练程度而发生变化。认知心理学研究发现，通用语言熟练程度较高的学生，在不同语言形式下概念的存储是共同存储，即同一个概念的语义信息在大脑中的存储位置相同，只不过以不同的语言形式进行表征；这类学生能够较为轻松地掌握通用语言条件下的数学知识。而当通用语言不熟练时，概念在不同语言形式下是分开存储的，即同一概念以不同的语言形式分别存储于大脑不同的位置。对于这种存储形式，在问题解决过程中，对概念的使用需要进行语言转换，否则，会导致更多的错

❶ KROLL J F, STEWART E. Category Interference in Translation and Picture Naming: Evidence for Asymmetric Connections Between Bilingual Memory Representations [J]. Journal of Memory and Language, 1994, 33（2）: 149–174.

误。❶同时，这类学生在使用通用语言进行数学学习时也存在不同程度的困难。❷

早期有关以"英语"为通用语言的教学研究认为，知识表征存储于特定的系统中，学生在学习过程中无论使用何种语言，知识表征都可以顺利通达。也就是说，知识表征系统的形成独立于学习时所使用的语言。然而，这一观点在现实教学中并不成立，并在后来的研究中产生了争议。有研究者认为，语言不仅是学习过程中信息输入的媒介，同样也是知识表征的媒介，不同的语言形式表征的知识系统是独立的。基于语言的知识表征系统的独立性在数学学习领域的研究中得到证实。❸马特（Malt）等发现，知识表征主要以学习时的语言形式进行表征，在数学教学中，经验会影响通用语言教学中数量的表征和数字操作。❹戈登（Gordon）研究发现，在巴西语中，数字仅仅有"1""2"或者"更多"的表达方式，母语为巴西语的学生不能完成一些简单的数字任务。例如，将10个电池排成一行，当数量超过两个或三个时，不能完成复写任务。❺此外，相关

❶ 黄敏，唐雪梅，黄邵娟．二语词义通达模型、影响因素及其交互效应［J］．四川师范大学学报（社会科学版），2019，46（3）：127–133.

❷ 旷小芳，严薇薇，陈玉婷，等．小学生二语认知模式发现及认知能力提升研究［J］．现代教育技术，2019，29（2）：73–80.

❸ GRABNER R H, SAALBACH H, ECKSTEIN D. Language–Switching Costs in Bilingual Mathematics Learning［J］. Mind, Brain, and Education, 2012, 6（3）：147–155.

❹ MALT B C, PHILLIP W. Words and the Mind：How Words Capture Human Experience［M］. New York：Oxford University Press, 2010：28–30.

❺ GORDON B. An Examination of the Responsibility Model in a New Zealand Secondary School Physical Education Program［J］. Journal of Teaching in Physical Education, 2010, 29（1）：21–37.

研究还发现，数字系统的不同语言结构也会导致数学认知中细小的语言间差异。例如，学生使用英语先学习十以内数字，再学习个位数运算，将有利于他们使用英语进行数学运算。路浩、周新林还发现，在数学学习中，使用英语和国家通用语言进行数字加法运算时分别激活了不同的大脑区域，这也是由于不同的语言学习过程所导致的。❶ 由于基于语言的知识表征系统的存在，迪昂（Dehaene）和科恩（Cohen）提出了数学运算模型，认为在人脑中存在三种不同的数字编码，分别为独立于语言的量词编码、听觉 – 言语编码、视觉的阿拉伯数字编码。❷ 数学中的估算问题主要与量词（量数）编码有关，精确运算主要以语言形式进行编码。在认知科学和神经影像学的研究中发现，乘法问题的解决主要依赖于数学知识的存储，以及与语言相关的大脑区域有关，而减法则涉及更多的计算和与数量有关的大脑区域。数学知识在头脑中的表征依赖于教学语言形式。对于通用语言数学教学而言，对所学知识的编码和提取与教学过程中教学信息的呈现紧密相关。通用语言的掌握是取得较好数学成绩的关键所在。因此，对于教学工作者而言，如何提高与数学相关的通用语言能力，是进行有效教学的前提。

❶ 路浩，周新林 . 数学认知与学习的脑科学研究进展及其教育启示［J］. 教育学报，2012（4）：62-69.
❷ DEHAENE S, PIAZZA M, PINEL P, et al. Three Parietal Circuits for Number Processing［J］. Cognitive Neuropsychology, 2003, 20（3-6）：487-506.

二、认知学术语言能力与数学教学的关系

在国外以"英语"为通用语言的学科教学研究中，存在着多种形式的教学方式。在英国以英语为通用语言的学习者，称为 EAL（English as an Additional Language）；将英语作为第二语言的学习者，称为 ESL（English as a Second Language）。这些学习者在学校的主流课程中使用英语进行学习，教师也基本使用英语进行主流课程的教学。以下将这种教学方式在数学学科教学中的相关研究做一梳理。❶

通用语言熟练性影响数学认知能力。在以英语为通用语言的数学教学中，对于教师、政策制定者和研究者们而言，最关心的问题莫过于如何提高学生使用英语进行数学问题解决的能力和数学成绩。有研究者认为，课堂中以英语为教学语言的数学教学将会在某种程度上影响学生的数学素养，英语的不熟练将会使学生的数学素养低于同年龄单语学生。然而，就这一观点并没有进行过大规模的调查研究，也没有数据的支持。教学语言的掌握程度被认为是影响数学成绩的重要因素，特别是对于初学英语的学生来说，用英语进行数学知识的学习就显得尤为困难。例如，在以英语为教学语言的数学课堂上，对于英语不熟练的学生而言，当遇到不懂的专业词汇时，将会把大量的

❶ BARWELL R. Multilingualism in Mathematics Classrooms：Global Perspectives［J］. Canadian Journal of Science Mathematics & Technology Education，2010，10（2）：173–176.

课堂时间用于学习这个专业词汇，从而降低数学知识学习的课堂效率，进而影响数学成绩。❶

卡明斯提出的"阈限假说"对关于"语言熟练性与数学能力关系"的问题进行了阐述。❷该理论认为，对于儿童而言，在使用通用语言进行学科知识学习的过程中，通用语言的熟练性与其认知能力之间存在着一定的关系。众多研究者基于这一理论对儿童的数学能力进行了探讨。戴维（Dawe）最早对这一问题进行了实证研究，他选取了50名11—14岁有着四种不同语言背景的学生，首先测试了这些学生的母语和英语的熟练水平，英语的数学测试主要包括：减法运算、逻辑推理、应用题解决。将两种语言的熟练水平与英语数学测试进行相关分析后发现，通用语言熟练性较高的学生，其数学成绩也较好。❸戴维的研究从实证的角度，验证了卡明斯的阈限理论在基于语言发展的数学学科教学中是适用的。在戴维的研究之后，众多研究者通过实证研究进一步验证了卡明斯的理论对"语言熟练性与数学认知能力"关系的观点。例如，克拉克森（Clarkson）等研究发现，通用语言的熟练性水平与其数学应用题解决之间

❶ COCKING R R, CHIPMAN S. Linguistic and Cultural Influences on Learning Mathematics [M]. London: Routledge, 2013: 17–46; DEAN B J. Testing in Language Programs: A Comprehensive Guide to English Language Assessement [M]. London: Higher Education Press, 2006.

❷ CUMMINS J. Language, Power, and Pedagogy: Bilingual Children in the Crossfire [M]. Bristol: Multilingual Matters, 2000: 102–110.

❸ DAWE R A. A Study of Evaluation Systems for School Principals in the Province of Newfoundland and Labrador [M]. Newfoundland: Memorial University of Newfoundland Press, 1983: 51–53.

存在显著相关。❶综合戴维和克拉克森的研究结论：通用语言熟练性的差异将会影响学生数学学业成绩，通用语言熟练水平较高的学生在数学学习中的表现好于平均水平。在后续的研究中，研究者们对这一问题的机制进行了探讨。克拉克森认为，熟练的通用语言能力提高了学生的"数学元认知技能"水平，使得学生能更好地认识自己的数学思维能力。这一观点也得到了心理语言学方面实验证据的支持。❷也有研究发现，通用语言的学习提高了学生分析问题、选择有用信息、忽略无关信息的能力，这一能力有可能是促进学生数学能力提升的原因。以上研究探讨了通用语言习得的经验影响学生的数学能力，这说明通用语言数学教学对学生认知能力发展的促进作用，而对于通用语言数学课堂中教师如何教、学生如何学并没有深入探讨。综上所述，通用语言的熟练性对数学学习能力产生重要影响，并且不同的熟练水平会产生不同的数学认知能力。同时，这一能力也间接地通过语言认知技能和语码表征方式影响学生的数学学业成绩。

使用通用语言进行数学课堂教学的研究主要关注教学与语言之间的变量关系。❸笔者将主要的变量关系总结为以下两个方面：一是数学与语言之间的关系；二是日常用语与数学认知

❶ CLARKSON P C, GALBRAITH P. Bilingualism and Mathematics Learning: Another Perspective [J]. Journal for Research in Mathematics Education, 1992, 23（1）: 34–44.

❷ MOSCHKOVICH J. Using Two Languages When Learning Mathematics [J]. Educational Studies in Mathematics, 2007, 64（2）: 121–144.

❸ SETATI M. Teaching Mathematics in a Primary Multilingual Classroom [J]. Journal for Research in Mathematics Education, 2005, 36（5）: 447–466.

学术语言之间的关系。研究者们就这两个变量之间的关系进行了丰富的研究，并取得了一定的成绩。早期以"英语"为通用语言进行数学教学的研究中，科斯蒂（Khisty）和莫什科维奇（Moschkovich）等探讨过教师的有效教学策略如何使学生更好地使用通用语言进行课堂练习的讨论。科斯蒂等发现，母语经验的差异，常常导致学生理解通用语言数学概念时发生歧义。❶这些研究的结论建议，应当将教学的重点放在教会学生如何使用认知学术语言进行数学观点的表达。而另有研究认为，教学的重点仍然应该是数学知识本身。莫什科维奇针对教师的教学提出一些建议：数学教师在课堂教学中应当同时关注数学知识和认知学术语言的教学，使用具体、清晰的词汇帮助学生进行通用语言的概念解释；将数学知识与认知学术语言相结合的教学相比于仅仅关注于专业词汇的学习，其教学效果要好很多。❷然而，对于教师而言，如何在教学过程中平衡数学知识和认知学术语言的教学是很困难的。由于学生通用语言掌握得不够熟练，在使用通用语言进行数学教学时，对认知学术语言的学习不仅包括词汇的简单书写、发音和含义，还包括数学解释、讨论和观点表达。阿德勒（Adler）曾用"左右为难"来形容这种教学情境，由于课堂教学时间有限，而学生除了要学习一定的

---

❶ KHISTY L L, CHVAL K B. Pedagogic Discourse and Equity in Mathematics: When Teachers' Talk Matters [J]. Mathematics Education Research Journal, 2002, 14 (3): 154–168.

❷ MOSCHKOVICH J. Supporting the Participation of English Language Learners in Mathematical Discussions [J]. For the Learning of Mathematics, 1999, 19 (1): 11–19.

数学知识，还有语言的学习，其中专业词汇和概念的学习又是数学知识掌握的前提，这必然导致学生在同等课程标准的要求下将花费更多的时间和精力。❶

除此之外，教师在课堂中使用的与专业知识有关的认知学术语言，与学生原有的日常生活用语的关系，也是影响基于通用语言数学教学成效的因素之一。卡明斯认为，学生对于日常生活用语的掌握可能影响其认知学术语言的发展，这两者之间是可以转化的，较好的日常用语的掌握有利于认知学术语言的发展。❷ 阿德勒认为，可以使用干预的方式提高学生认知学术语言的能力，在课堂教学中需要教师将学生的注意力从数学知识的学习中转移到如何使用通用语言进行有效的数学思维表达。❸ 然而，这种干预也存在一些问题，如教学设计的安排、教师课堂教学的有效性等。因此，为了对基于通用语言数学课堂教学的方案进行有效设计，教师应该针对本班级学生通用语言的熟练性、具体的课程目标，从语言目标和课程目标两个方面进行课堂教学设计，在提高学生数学能力的同时，提高学生通用语言的数学认知学术语言能力。

认知学术语言能力的发展，一般是通过在出生后的学习环境中逐步获得的。认知学术语言能力在早期学校教育阶段主要

❶ ADLER J. Mathematics in Mathematics Education［J］. South African Journal of Science, 2017, 113（3/4）：1–3.

❷ CUMMINS J. BICS and CALP: Empirical and Theoretical Status of the Distinction ［J］. Literacies and Language Education, 2017：1–12.

❸ ADLER J. Mathematics in Mathematics Education［J］. South African Journal of Science, 2017, 113（3/4）：1–3.

反映于儿童在学校教育中获得的语言，并且这一语言能力的熟练运用与其学业成绩之间存在高度相关性。卡明斯认为，在早期基于语言能力发展的学科教学中，教育工作者没有区分基本人际交流语言能力和认知学术语言能力，因此常常导致通用语言的教学失败。他的两项相关研究证实了这一分析。第一项相关研究主要涉及对加拿大教育系统中 400 名教师的访谈研究，以及对大量以英语为通用语言的学生的心理学评估。❶ 结果发现，以英语为通用语言的儿童，在英语能力能够达到自由交流时已经克服了很多语言学习困难。然而，这些儿童在知识学习中的英语认知学术语言能力却有待提升，同样在言语认知能力的测试中成绩也有待提高。在这样的测试中，由于未对儿童的认知学术语言能力和基本人际交流语言能力进行有效的区分，部分儿童在心理学的认知测试中被诊断为"语言交际能力障碍"，由此导致了在教学过程中，通用语言的交际流利性与学术熟练性相混淆，对教学产生了不利的影响。另一项研究强调将通用语言交谈流利性与学术熟练性相区别，主要涉及卡明斯对教学中一些语言数据的分析。❷ 这些数据的分析发现，使用通用语言学习的儿童，在获得与同龄儿童相同水平的日常交际流利性与认知学术语言熟练度之间存在较显著的时间差异。在口语日常交流方面，这类儿童平均需要两年的学习时间，其通用语言的交流能力可以达到同龄的儿童水平；而通用语言的认

❶ CUMMINS R P. Test Review: The Nelson–Denny Reading Test (Forms E and F)[J]. Journal of Reading, 1981, 25 (1)：54–59.
❷ CUMMINS J. BICS and CALP: Empirical and Theoretical Status of the Distinction [J]. Literacies and Language Education, 2017：1–12.

知学术语言能力则需要 5—7 年的时间。

在美国 20 世纪 80 年代至 90 年代以英语为通用语言的教学中，同样存在由于两种语言本质概念的混淆而导致教学失败的情况。部分学生缺乏对通用语言学习中认知学术语言能力的关注，导致其在主流课程的学习中遇到很多困难。此外，韦森特（Vicent）的一项人类学研究中阐述了基本人际交流语言与认知学术语言的关系。[1] 该研究中的对象为一个居住在华盛顿的萨尔多儿童，她接受教育的学校主要以英语为通用语言进行教学，在儿童早期学习中主要进行英语的日常用语学习，然而这种较为流利的日常用语可能在学校教育中带来一定的欺骗性。例如：这位儿童表现了较好的英语流利性，但认知学术语言交流极其匮乏，教师在课堂教学中对这位儿童的个别交流也很少，由此可能导致这位儿童的英语认知学术语言能力较低，进而影响了其学业成绩。研究者们结合理论和实际的教学经验，发现在此类教学过程中学生在语言能力上的差异，并强调认知学术语言能力在通用语言学科教学中的重要作用。韦塞尔（Wessel）等的一项干预研究发现，即便是从 7 年级开始进行通用语言的数学认知学术语言学习，这些学生在通用语言条件下的数学成绩仍然可以得到显著提高。[2]

综上所述，在通用语言学科教学中，明确将认知学术语

---

[1] 转引自：RICHARD, BARWELL. Multilingualism in Mathematics Classrooms：Global Perspectives［M］. Bristol：Multilingual matters, 2009：139–142.

[2] WESSEL L, PREDIGER S, SCHÜLER-MEYER A, et al. Is Grade 7 too Late to Start with Bilingual Mathematics Courses? An intervention study［M］.Humburg：International Congress on Mathematical Education, 2016：1–8.

言能力与基本人际交流语言能力进行区分，强调基于认知学术语言能力的教学，能够提高学生的学业成绩。这也进一步体现出认知学术语言能力在通用语言学科知识学习中的重要作用。

三、"认知学术语言学习"教学模型及其启示

（一）"认知学术语言学习"教学模型的内容分析

"认知学术语言学习"（CALLA）教学模型，是奥马利和查莫特在语言习得研究领域和认知理论的基础上提出的基于认知学术语言学习的学科教学方法，主要是通过将认知学术语言的学习植入知识学习中，使学生在掌握通用语言认知学术语言的同时学习科学知识。❶"认知学术语言学习"教学模型的目的在于发展以"英语"为通用语言且英语不熟练学生的认知学术语言能力，以帮助这些学生适应主流课程的学习。该教学模型结合了基于课程内容的通用语言能力学习策略，帮助学生理解和记忆相应的学科知识。这一模型主要应用于科学、数学和社会这三门专业课程的通用语言教学中，并取得了一定的成效。❷在该模型中，认知学术语言能力主要涉及学生在口语与写作中的理解和表达能力，以及学术概念的理解和应用能力，与学生的

❶ DICKER C. The CALLA Handbook：Implementing the Cognitive Academic Language Learning Approach［J］. Tesol Quarterly，1994，28（3）：647–648.
❷ CHAMOT A U，O'MALLEY J M. The Cognitive Academic Language Learning Approach：A Bridge to the Mainstream［J］. Tesol Quarterly，1987，21（2）：227–249.

学科成绩直接相关。在通用语言课堂教学中，对于通用语言掌握不熟练的学生而言，使用通用语言进行课堂学习、思维和问题解决均存在困难。这类学生在专业课程的学习中基于通用语言的认知学术语言能力较低，可能导致学生无法使用正确的认知学术语言进行专业知识的学习，从而出现了成绩较低的情况。此外，学生在语言理解和写作方面也受到不同程度的影响。在低年级的教学中，主要是新的词汇和概念的理解，随着年级的增加以及专业知识难度的加深，对认知学术语言能力的要求也逐渐增加。通用语言条件下较差的认知学术语言能力可能是学生在课程的学习中学业成绩较差的主要原因。

查莫特（Chamot）认为，在基于课程内容的通用语言学习中，由于数学的学习对语言的依赖性是最小的，因此，数学是最适合这类教学方式的一门课程。[1] 在"认知学术语言学习"教学模型中，共包括五个阶段：（1）明确教学目标，同时与该课程的教学目标相吻合；（2）学习策略的训练，由教师和学生以合作式的方式共同完成；（3）有计划地实施课程内容；（4）教师与学生之间通过合作行为完成教学计划；（5）制定适合于学生的课程评价体系。在"认知学术语言学习"教学模式中，有三个主要的成分，即相关的专业课程、通用语言条件下的认知学术语言能力、学习策略教学。模型分析如图1-1所示：

---

[1] CHAMOT A U. The CALLA Handbook：Implementing the Cognitive Academic Language Learning Approach ［M］. London：Pearson Longman, 2009：53-60.

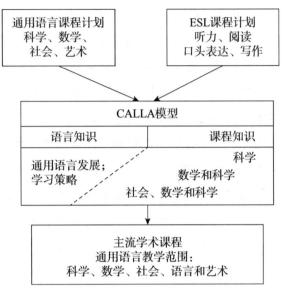

图1-1 "认知学术语言学习"教学模型

资料来源：O' MALLEY J M. The Cognitive Academic Language Learning Approach（Calla）[J]. Journal of Multilingual & Multicultural Development, 1988, 9（1–2）: 43–60; CHAMOT A U, O' MALLEY J M. The Cognitive Academic Language Learning Approach: A Bridge to the Mainstream[J]. TESOL Quarterly, 1987, 21（2）: 227–249.（笔者根据文献内容自制）

（二）对国家通用语言学科教学的启示

"认知学术语言学习"教学是基于课程内容以提高通用语言的认知学术语言能力为目的的通用语言学科教学模型，这一模型类似但又不同于我国的国家通用语言教学，将这一模型的具体内容及其对国家通用语言学科教学的启示分析如下。

1.对教学方案的启示：基于"课程内容＋语言学习"的教学方案

与课程内容相结合的语言学习是一种有效的"课语整合式"的学习方法，这种有效性不仅体现在能有效地提高这门课程的认知学术语言能力，同时在语言学习方面也能更好地激发学生的学习兴趣。在基于语言能力发展的课程学习过程中，学生不仅专业知识得到提升，通用语言的认知学术语言能力也能得到提高。在"认知学术语言学习"模型下的数学课堂教学中，教师使用通用语言（英语）进行相关的教学活动。该模型特别强调，已经使用其他语言学过这门课程的学生不适用于这种教学方式。由于之前的学习产生了其他语言经验的影响，在记忆中已经存储了相关知识的知识表征，若使用通用语言进行学习，仅仅是一个将原有语言知识翻译为通用语言知识的过程，并不能在记忆中形成以通用语言为表征形式的知识表征系统。相反，若专业知识内容相对于学生而言是新的、从未接触过的，在使用通用语言进行学习的过程中，学生便会形成以通用语言为语言表征形式的知识存储，在知识提取过程中也可以用通用语言进行表达，从而达到专业知识水平与认知学术语言能力同时提高的教学目标。结合通用语言知识表征理论来看，使用通用语言学习新的知识，相应的知识概念将以通用语言的形式存储在长时记忆中，待到知识提取时，也易于以通用语言的形式进行提取。因此，"认知学术语言学习"教学模型以相应课程知识内容为依托，以提高通用语言的认知学术能力为目标，进而达到基于通用语言发展的学科教学目的。

基于以上分析，国家通用语言教学与"认知学术语言学习"教学模型有相似之处，都是在学科教学中使用通用语言进行教学。不同之处在于"认知学术语言学习"教学模型的目的在于提高学生通用语言能力，而国家通用语言教学，其目的在于提高学生使用国家通用语言进行学习的学科知识水平。尽管两种教学方式存在差异，但笔者认为，卡明斯在基于语言发展的学科教学中提出的"认知学术语言能力"这一概念，在国家通用语言教学中仍然具有一定的意义。由于"认知学术语言学习"教学模式的目的在于通用语言能力中认知学术语言能力的提高，而学生通用语言的熟练程度是通用语言教学能否正常实施的前提，特别是与学科专业学习有关的认知学术语言能力。因此，在国家通用语言教学中，尝试提高学生在该门课程中的认知学术语言能力，是国家通用语言学科教学取得成功的可能性前提条件。

2. 对语言教学的启示：以认知学术语言能力发展为核心的教学

在"认知学术语言学习"教学模型中，教师在教学设计中分析基于课程内容的通用语言学习目标，这些目标包括：与课程内容相关的词汇、语法结构、语言功能和具体专业词汇的学习。针对通用语言熟练程度不同的学生，其语言目标的设定也存在差异。教师在教学设计中依据具体情况具体分析，做到因材施教。在国家通用语言教学中，各地区由于经济发展水平的差异、教育环境的差异、语言水平的差异，教师在教学准备中，需要充分了解学生的国家通用语言掌握情况，依据具体情况制定详细的课程教学计划和语言学习目标。

此外，卡明斯提出的认知学术语言四象限划分观点，为"认知学术语言学习"教学模型提供了语言学理论基础。卡明斯认为，有两个维度可以描述学生的语言要求。维度一主要涉及与语言理解有关的上下文线索；维度二指与任务相关的复杂性。易于理解的语言是与上下文相关的，并且有丰富的非语言线索：具体的客观事物、身体姿势语言、面部表情和视觉线索等。较难于理解的语言出现在上下文线索减少的情况下，对于语言的理解依赖于学习者从线索减少的上下文中抽取有效线索信息的能力。第二个维度指任务的难度，即语言的理解依赖于任务认知需求的复杂性。语言任务的范围从"高认知需求"到"低认知需求"。"低认知需求"任务主要包括词汇和语法；"高认知需求"任务主要包括整合性的技能，如知识的阅读、听力理解、口头表达和写作等。之后，依赖于语言的任务范围被分成了四个象限：第一象限无认知需求 / 有上下文信息；第二象限有较少上下文信息 / 简单认知需求；第三象限有认知需求 / 有上下文信息；第四象限无上下文信息 / 较高认知需求。上下文信息、认知需求与语言活动关系如表 1–1 所示。

表 1-1　卡明斯的四象限语言能力划分

	非认知/学术要求	认知/学术要求
上下文信息丰富	√口语技能：一些简单的人际交流语言；艺术、音乐等教育类语言；面对面的交流语言；简单的游戏交流语言等 ①	√听力技能：证明的过程、专业课程 √口语技能：口头表达、回答较高认知水平的问题、参与科学活动、数学计算问题 √阅读技能：描述性的书籍内容、有具体信息或图片的数学应用题 √四种技能的整合：制作模型、图表、地图等（在社会课程中） ②
上下文信息减少	√口语技能：无上下文语言的技能、回答较低认知水平的问题、日常电话交流； √阅读技能：购物清单、书信、处方、药品说明书、口头阅读； √书写技能：抄写词汇和句子、写练习作业； √阅读+书写技能：写出简单问题的答案、填写简单的表格 ③	√听力技能：理解概念性定义； √阅读技能：阅读理解、数学应用题解决、对专业知识的阅读等； √写作技能：作文、随笔； √阅读+写作技能：对高专业水平问题的写作、完成标准化测验 ④

资料来源：CUMMINS J. BICS and CALP: Clarifying the Distinction[J]. Bilingual Education Programs, 1999: 7-8.

表 1-1 中呈现了四个在不同上下文信息中的语言技能要求。艾伦（Allen）认为，学生的语言发展一般最初在第一象

限，在知识的学习中应该达到第四象限。❶ 根据这一概念的维度划分，在国家通用语言教学中结合数学教学，表 1–1 中呈现的各个象限相应的语言技能信息，可为教师提供教学依据。根据学生的年龄、年级和国家通用语言的水平进行合适的教学准备。第一象限主要适用于国家通用语言为初级水平的学生，这类学生最初的认知学术语言经验应当从第二象限开始，部分语言活动与他人或社会联系有关，其余则与学校的学习活动有关。认知学术语言的使用开始于第三象限，在这一象限中的语言理解需要足够的上下文信息，并且在这一象限中对语言的理解需要结合以往的经验和具体信息的支持。最后，在第四象限中的语言活动主要涉及高年级阶段的语言活动，这些语言活动对于学生而言也是相对较难的，同时关系到学生能否取得较好的学业成绩。

　　结合这一观点，在国家通用语言数学教学中，在促进学生具体数学知识学习的同时应发展学生的认知学术语言能力，为学生提供从第二象限到第三象限转换的语言练习，以及在上下文信息减少条件下的语言练习。对于学生而言，数学课程知识的学习与国家通用语言的学习是同步发生的。因此，这种教学方式下，不仅要发展学生基于应用题解决的阅读理解能力，也要发展其听力、口语表达和书面表达能力。"认知学术语言学习"教学模型为认知学术语言能力的发展提供了实践基础。在国家通用语言数学教学过程中，认知学术语言能力发展的内

---

❶ CHAMOT A U. The CALLA Handbook：Implementing the Cognitive Academic Language Learning Approach［M］. London:Pearson Longman, 2009：7–19.

容包括：与知识内容相关的语言理解能力；认知学术语言交流中的语言应用能力（解释、描述、分类和评价能力）；在课堂练习中的国家通用语言技能，如听力理解能力、阅读能力、参与课堂讨论和书面表达能力等。通过将特定的课程内容与语言活动相结合，基于认知学术语言能力发展的数学教学，能够帮助学生在数学课堂中有效地学习概念知识和发展国家通用语言能力。

3. 对学习策略的启示：基于认知学术语言能力发展的学习策略

"认知学习理论"被视为"认知学术语言学习"教学模型的一个重要理论基础。该理论认为，语言的练习和实践是语言技能习得的必要条件。语言技能是程序性知识，与陈述性知识相区别。程序性知识主要指在具体的知识学习中，学习者无意识地提取相关知识线索，凭借相应的专业知识间接推理其存在的知识，主要涉及"怎么办"的知识；陈述性知识则是学习者有意识地提取相关知识线索，并能够直接性进行回忆和陈述的知识，主要涉及"是什么"的知识。❶认知学习理论认为，语言技能的获得属于程序性知识的获得，需要三个信息加工阶段：第一阶段——认知阶段，这一阶段学习者主要通过有意识的观察、思考和学习来获得有关客体具体知识；第二阶段——联想阶段，主要通过将客体认知的具体陈述性知识进行抽象化，将技能的各个元素进行整合，进而完成与认知客体相关的信息程序化知识的转换；第三阶段——自动化阶段，通过多次

---

❶ 王甦，汪安圣. 认知心理学［M］. 北京：北京大学出版社，2019：203-205.

的练习和巩固，客体认知的程序性知识完全形成，逐步达到自动化的程度，相关技能基本形成。认知理论在"认知学术语言学习"教学模型的应用体现于学习策略教学。学习策略是有关知识学习的技能，在语言技能的学习过程中，学习策略同样起着重要的作用。在该教学模型中，学习策略主要指元认知策略、认知策略和社会—情感策略，对这些学习策略的教学主要包括五个阶段。（1）准备阶段：教师在课前复习上一堂课的主要内容，并了解学生对新课中主要概念的掌握情况。这一阶段的学习策略主要涉及：知识联系（学生对新课程内容的学习）和注意力的选择（在新课程内容中对重要概念和知识点的选择性注意）。（2）呈现阶段：教师使用通用语言将新的知识内容表述给学生，并确保学生能够理解这些内容。这一阶段的学习策略主要包括：阅读和听说时注意力的选择（主要通过搜索关键信息或词汇进行选择）、自我监控、推论、知识练习和做笔记等。（3）实践阶段：这一阶段减少教师的实践参与，以学生实践学习为中心，学生主动掌握新学习的知识。主要的学习策略包括：自我监控、组织性计划（计划如何进行口头、书面的表达）、资源求助（合理地使用参考文献）、概念分类、总结、推论、练习和合作等。（4）评价阶段：学生对自身的学习情况进行评价和总结，并对学习任务过程中使用的策略有效性进行评价。（5）扩展阶段：学生对所学的知识进行反思和总结，并将其与已有的知识建立联系，形成知识系统。在"认知学术语言学习"教学模型中，这五个教学环节可以循环使用，直到实现预定的教学目标。该模型是将策略教学纳入正常教学计划之中，是融入性策略教学的典型案例，对于通用语言水平有限的学生学习主流课程的知识具有较好的课堂示范作用。

综上所述，"认知学术语言学习"教学模型是一个融合具体课程内容的语言学习教学模型。该模型最初适用于科学、数学和社会这三门课程，强调具体学科知识教学过程中认知学术语言能力的发展，并同时重视认知学术语言能力在基于通用语言思维发展中的作用。然而，由于该模型重点在于发展学生的通用语言能力而非知识水平，因此，在该模型的教学过程中，其课程内容往往具有选择性，并没有完全按照实际课程标准来实施。尽管如此，该模型中课程内容与语言学习相结合的教学方式仍然值得借鉴，特别是其有关认知学术语言能力发展的教学策略，为国家通用语言数学教学提供了实践支持。

四、国内认知学术语言能力研究述评

（一）基于认知学术语言能力发展的教学研究述评

国内目前与认知学术语言能力相关的教学研究主要涉及以英语为第二语言的外语教学研究。国内的外语教学研究自 20 世纪 60 年代以来，经历了从注重语法研究到注重语义研究的转变过程。语言学领域对语言本质观念的不断发展，使得语言教学的教学模式也在不断地发生变化。早期的结构主义语言观认为，语言是由不同的语言单位按照一定的规则组织起来的结构系统；后来语言功能主义认为语言不再是简单的元素结合，而是更强调语言在实际中的运用功能；直到近年来随着语言交际法的发展，交互语言理论以维果斯基（Vygotsky，又译为维果茨基）社会建构主义理论为基础，发展出交互和动态结合发展的语言观，并强调语言在人际交往和社会互动中的重要作用。在这一背景下，国内的外语教学也更加强调语言教学的实际意义，研究者们为摆脱目前外语教学应试主义的影响和解决学生语言应用能力差的现实问题，逐步形成了以发展学生认知学术语言能力为目标的新的英语教学模式，主要集中于以下两个方面。

1.将认知学术语言能力的发展作为语言能力发展的目标之一

国内目前主要的外语教学课程是英语，而英语教学普遍存在应试主义影响严重、学生英语应用能力差等问题。基于这些问题，较多的研究者开始关注以提高学生英语应用能力为基础的教学方式，提倡以专业知识学习为基础的认知学术语言能力的发展。[1] 袁平华等在分析国内外语教学中存在的问题后认为，目前的大学英语教学与《大学英语课程教学》要求中的教学目标相距甚远，学生在历经几年的英语学习之后，较难达到目标中提出的要求："培养学生综合运用能力，特别是听说能力，使他们在今后的学习、工作中能用英语有效地进行交际和自主学习。"[2] 主要原因在于现行的教学内容与课程目标脱节，目标

---

[1] 袁平华，王晓姣，陈兆军.大学英语环境中从基本社会交往能力到认知学术语言能力的培养［J］.九江职业技术学院学报，2014（1）：71–72，61；甘阳.任务型教学模式在中国学生英语虚拟语气教学中的应用［D］.重庆：西南大学，2006；钱金萍.CBI课堂写作与认知学术语言能力的发展［D］.杭州：杭州师范大学，2014.

[2] 袁平华，王晓姣，陈兆军.大学英语环境中从基本社会交往能力到认知学术语言能力的培养［J］.九江职业技术学院学报，2014（1）：71–72，61.

中实际提出两种语言能力，一个是日常生活中的交际用语，另一个是与今后工作和专业发展有关的专业英语，而目前的教学内容和方式主要与通用英语相关，由此限制了学生与专业知识相关的英语学习，从而限制了英语语言能力的发展。从语言与思维发展的关系来看，语言是思维的载体，语言的发展能够促进思维的发展和思维方式的形成。与专业知识相关的英语学习，可以帮助学生有效地掌握较为前沿的英语知识，同时形成以专业英语为表征形式的问题解决和思维方式。因此，在全球化教育的背景下，大学英语的教学从基础教学到专业英语教学的转变，可以使学生较好地掌握国际前沿的专业知识，提高前沿专业知识的问题解决能力。陈慕侨也认为，鉴于国内目前的社会发展需求和学生整体英语水平的变化，英语教学应该由通识英语转向专业英语。❶ 这一转变也是随着教育学、心理学和语言学的发展，人们对外语教学的新的认识。❷ 在这一认识中，国内的学者对认知学术语言的定义多来自卡明斯对于日常生活用语和认知学术语言的划分。同时，研究者也认为认知学术语言能力的习得与学生的学业成绩之间显著相关。因此，将学生认知学术语言能力的提升作为英语语言能力的发展目标之一也是目前英语教学的改革方向。

2. 以"课目知识和语言"相结合的教学模式发展语言能力

在将语言能力的发展融入课程教学中，国内研究者尝试了

---

❶ 陈慕侨. CBI 与认知学术语言能力的培养［J］. 福建教育学院学报，2015，16（1）：99–101.

❷ 甘阳. 任务型教学模式在中国学生英语虚拟语气教学中的应用［D］. 重庆：西南大学，2006.

不同的教学模式和方法。其中尝试较多的是以"课目知识和语言学习"相结合的"课语整合式学习"（Content and Language Integrated Learning，CLIL）和"内容依托式教学"（Content-Based Instruction，CBI）。❶

　　在理论研究方面，主要从"课语整合式学习"和"内容依托式教学"的概念、框架、知识基础、实施策略和课程评价等方面进行研究。"课语整合式学习"强调聚焦语言和课目内容的方式进行语言教学，语言学习和课目知识学习具有共通的课程角色，将语言能力的发展作为这种学习方式下语言学习的主要内容。❷在这种学习方式中，课目内容的选择是语言能力学习的关键，内容可以涉及学校原本开设的课程，也包括主题式或跨课目的内容。选取的原则是帮助学生拥有自己的知识学习方式和理解体系。❸"课语整合式学习"的理论构建是这一学习方式实施的坚实基础，国内学者从知识学习基础、课程框架、课程实施策略以及教学评价工具方面对这一问题进行了阐述。黄雪萍、左璜认为，知识框架是整合课程与语言学习的有效方

❶ 黄雪萍，左璜.课目与语言整合式学习模式的兴起、课程建构与启示［J］.外国教育研究，2013（11）：39-50.

❷ 林硕.小学英语整合化教学设计研究［D］.漳州：闽南师范大学，2017；李丹凌，强海燕.欧洲新兴课目与语言整合式学习教师能力建构和培养研究［J］.高教探索，2016（9）：68-74；黄甫全，李灵丽.新兴课语整合式学习的有效实施策略［J］.外语界，2015（3）：16-24；刘会英，黄甫全.欧洲新兴课语整合式学习（CLIL）的背景、视角与启示［J］.广东外语外贸大学学报，2013（5）：87-91；刘会英，黄甫全.开辟外语教学走向文化自觉的新路径——论欧洲新兴课语整合式学习的文化原理［J］.比较教育研究，2013，35（8）：73-77.

❸ 黄雪萍，左璜.课目与语言整合式学习模式的兴起、课程建构与启示［J］.外国教育研究，2013（11）：39-50.

法，并提倡使用莫汉的知识框架理论来解释这一教学模式。❶
在课程框架方面，国内学者一致认为科伊尔的 4C 课程框架
是比较完整的框架模式。这一框架包括课目（content）、交际
（communication）、认知（congition）和文化（culture），在 4C
框架基础上实施策略教学，并以肖特的"语言—内容—任务"
为视角进行课程评价，这一评价的出发点是关注语言、学科内
容和任务。❷ "内容依托式教学"更加强调的是一种教学方法，
强调如何通过策略教学将学生第二语言的日常生活用语能力过
渡到认知学术语言能力的发展中。这种教学方式源于语言交际
法教学，关于在语言学习过程中语言输入的重要性，强调语言
教学应该关注语言技能的提高和语言内容意义的理解。❸ 陈慕
侨认为，这一教学方式在内容上主要包括语言意义的输入、需
求导向、任务驱动和合理评估，课程的重点在于内容的讲述。
内容的选择依赖于学生的需求，以课堂内容学习为依托，帮助
学生将日常生活用语能力有效地过渡到认知学术语言能力的发
展中。❹ 这一教学方式的优点在于，可以依据学生的不同需求

❶ 黄雪萍，左璜．课目与语言整合式学习模式的兴起、课程建构与启示［J］．外
国教育研究，2013（11）：39-50．
❷ 黄甫全，李灵丽．新兴课语整合式学习的有效实施策略［J］．外语界，2015
（3）：16-24；李灵丽，黄甫全，曾文婕．新兴课语整合式学习的课程开发原
理与方法［J］．课程·教材·教法，2016，36（12）：107-114．
❸ 袁平华，王晓姣，陈兆军．大学英语环境中从基本社会交往能力到认知学术语
言能力的培养［J］．九江职业技术学院学报，2014（1）：71-72，61；雷春林．
内容教学法（CBI）与复合型外语专业教学——以商务英语教学模式为例［J］．
外语电化教学，2006（3）：32-38；陈莉．国内内容依托教学理念研究述评［J］．
沈阳工程学院学报（社会科学版），2011，7（4）：548-550．
❹ 陈慕侨．CBI 与认知学术语言能力的培养［J］．福建教育学院学报，2015，16
（1）：99-101．

选择不同的教学模式，使教学活动、课程内容符合学生的认知发展，以便为语言能力的发展提供条件。综上，这两类教学方式尽管是出于不同的认识角度和理论基础，但其共同的目标都在于提升学生在学科知识学习中的认知学术语言能力。

在应用研究方面，这两种方法应用涉及不同的学科，既包括数学、物理、化学等理科性质的学科，也包括体育、中职教育等文史类的学科。研究者普遍认为，由于理科性质的学科其学科语言的特殊性，更适合进行第二语言的教学。此外，这类教学涉及的学段包括基础教育、高等教育和中职类教育。在教学效果方面发现，通过依托式教学方式能够有效地提高学生的词汇量、语言技能和思辨能力 ❶，在发展学生认知学术语言能力的同时，显著地提高了英语水平和英语教学的效率，为英语教学深层次的改革提供了教学理念。❷

综合以上分析，"课语整合式学习"和"内容依托式教学"是近年来研究者们尝试在课程教学中提高学生语言能力的途径和方式。在部分研究中，这一语言能力的提高既包括日常生活

---

❶ 龙湛．内容依托式教学效用研究——以"英美历史"课程为例［J］．西部素质教育，2018，4（5）：125-127；金烨，姚建华．内容依托式英语教学中大学生思辨能力培养的策略初探［J］．课程教育研究，2017（18）：81-82.

❷ 邵海静，付京香．内容依托式教学模式在大学英语教学中的应用［J］．山西师大学报（社会科学版），2016，43（1）：109-112；常俊跃，董海楠．英语专业基础阶段内容依托教学问题的实证研究［J］．外语与外语教学，2008（5）：37-40；赵秀艳，夏洋，常俊跃．英语专业基础阶段内容依托教学课程体系改革的实践效果研究［J］．外语与外语教学，2014（1）：47-53；刘瑾．内容依托教学（CBI）理念在中等职业学校药学英语教学中的应用研究［D］．上海：上海师范大学，2012；刘哲雨，王志军，倪晓萌．Avatar虚拟环境支持CALLA模式的教学研究［J］．现代教育技术，2016，26（7）：44-50.

用语能力，也包括认知学术语言能力；另有部分研究并没有将语言能力进行更为详细的划分。然而，由于基于课程知识的学习主要在课堂教学中发生，课堂环境是习得认知学术语言能力的最佳环境，同时课程知识也是认知学术语言的内容，因此，在知识与语言整合式发展的课堂教学中可以尝试以认知学术语言能力的发展为有效的发展途径，在提高学生认知学术语言能力的同时获得足够的专业知识。

（二）语言因素是影响国家通用语言数学教学的主要因素

在国家通用语言数学教学过程中，无论是现实经验还是实证研究，教学工作者和研究者都无可否认语言因素对进行有效数学教学的重要影响。那么，语言因素是如何影响国家通用语言数学教学的呢？语言与国家通用语言数学教学之间具体的关系怎样？近年来有些学者对这些问题进行了探讨。

邓永汉认为，依据数学语言发展的三种类型——语言理解、概念形成和数学符号，数学语言的理解是其中的重要成分。他在研究中发现，多数学生在使用国家通用语言进行数学问题解决时，由于不理解题意而解答失败的情况较为严重。此外，在应用题解题过程中，存在语言转换的过程，这种转换也会导致题意理解的错误。要想改善这种状况，应当从数学教师的职前职后培训和改善儿童的学前教育环境入手。❶此外，更多研究者也从实证研究的角度证实了语言因素是造成数学问题

---

❶ 邓永汉. 浅析语言因素对苗族学生理解应用题带来的困难［J］. 贵州师范大学学报（自然科学版），1989（S1）：95-99.

解决困难的重要影响因素。另有研究者以课例的形式探讨了数学教学，并认为完整的国家通用语言数学教学包括两个方面：一个是基于知识学习的国家通用语言教学，即国家通用语言的教学；另一个是数学知识的教学。他们通过两个课例的对比研究发现，国家通用语言数学课堂教学中存在以下问题：教师可能忽视教学语言在知识理解上是有差异的，没有重视数学知识的语言结构；教学过程中教师未处理教学中的语言难点，教师"包办"应用题的分析；教师缺乏对小组合作学习中思维行为的引导；等等。❶基于此，对以上问题的解决将有利于国家通用语言数学教学效率的提高。

此外，从问题解决的过程看，对数学问题的解读（问题的表征）是实现问题顺利解决的第一步，而学生经常在第一步出现障碍，其余的解题步骤就无从谈起。因此，毋庸置疑，语言因素是数学问题解决的关键因素。与数学知识相关的语言本身是一种极其抽象的语言形式，主要用人工符号系统的方式进行表征。目前在有关数学认知的脑科学研究中发现，某些数学认知能力（如精算、数数）必须依托于语言而发生，而另外一些数学认知能力（如估算）并不依赖于语言。因此，在国家通用语言数学教学中，教育工作者应该正确处理语言学习与数学知识学习之间的关系，有效地进行基于国家通用语言能力发展的

❶ 韦俊，王娟娟，郭宝珠，等 . 维汉双语数学教学课例研究［J］. 数学教育学报，2005，14（3）：90–92；陈彩云 . 试析语言障碍因素对于青海少数民族预科生数学学习的影响［J］. 兰州教育学院学报，2017，33（4），111–112，147；杨清霞 . 语言与少数民族学生的数学学习刍议——以中央民族大学预科新疆民考民学生为例的分析思考［J］. 民族教育研究，2011（2）：62–65.

数学教学。

（三）国家通用语言教学中"课语整合式学习"教学思想的植入

"课语整合式学习"是一种将课目知识学习和语言学习相整合的新型教学方式，能够将课目知识和语言学习整合于一个动态的教学情境中，以整体主义视角将语言与课目内容融会在一起的教学方式。目前，国内部分研究者逐渐将这一教学模式的思想融入国家通用语言教学中。胡艳明对这一教学模式对国家通用语言学习的效能进行了分析，认为基于"课语整合式学习"的教学模式，能够为国家通用语言的学习提供相对真实的环境，从语义学习的角度拓宽学生的语言知识学习，更好地发展学生的语言运用能力。❶张诗雅、马少云认为，目前国家通用语言教学还未找到一条将课目知识学习与语言学习完美融合的道路，学生在学习过程中缺乏众多文化知识的有机整合，而"课语整合式学习"教学方式将教学重点集中于课目内容和语言学习，同时在多维思想的指导下，进一步形成有效的教学设计，能够为国家通用语言教学提供清晰的路径指导。❷张诗雅、马少云对这一教学模式在国家通用语言教学中的应用进行了较为详尽的分析，笔者将其观点总结为以下两个方面。

1. 为国家通用语言教学的教学设计提供理论基础

---

❶ 胡艳明. 基于课语整合式学习的国家通用语言文化教学探析［J］. 国家通用语言文字教学与研究，2019（5）：10–12.

❷ 张诗雅，马少云. 课语整合式学习：融汇语言与文化的民汉双语教育新理念［J］. 中国民族教育，2018（6）：14–18.

教学目标的实现依赖于有效的教学设计，教学设计是教学目标得以实现的具体途径。在课语整合式学习中，科伊尔的4C框架理念和迈耶的金字塔式课案规划过程为国家通用语言教学提供了教学设计的理论基础。其中，科伊尔的4C框架内容包括认知、课目、文化和交际四个方面，这四个方面既相互独立又相互联系，为国家通用语言教学提供了理论与方法支撑。迈耶的金字塔式课案规划是对科伊尔的4C框架理念的进一步发展，主要包括主题选择、媒介开发、任务设计、作业选编四个步骤。张诗雅等认为，金字塔式课案规划过程符合国家通用语言教学的过程和目的，该过程可以涵盖多种课目内容，可以充分做到语言认知与课目知识的共同发展，有效地提高学生的学业成绩。

2. 为国家通用语言教学提供有效的课堂结构模式

课堂结构模式是进行教学计划实施的具体方式，有效的课堂结构模式能够帮助教师顺利地完成教学计划。在"课语整合式学习"中，汤氏提出了图示法课堂结构模式，强调在课堂教学中，为减少由于学生认知水平的差异所带来的语言负荷和认知负荷，通过以图示教学的方式，对教师的脚手架输入和学生的任务输出进行联结，从而实现语言与课目知识同时发展的教学目的。其中，教师的图示输入包括知识结构、衔接语言和图示知识，学生的任务输出包括根据教师呈现的语篇建立图示和根据图示的结构建立语篇。张诗雅、马少云认为，这种图示法课堂结构模式能够有效地避免由于国家通用语言的差异所导致的语言沟通困难和知识学习困难现象，能够同时兼顾学生认

知、课目知识和语言习得三个方面的发展。❶

综上所述，国内学者从理论层面对"课语整合式学习"融入国家通用语言教学进行了可行性的分析。结合张诗雅等的论述，在国家通用语言的课堂教学中，由于学生学习环境的限制，在实施"课语整合式学习"的教学计划时，应进一步明确语言学习的种类。基于卡明斯对语言的分类，将语言学习范围缩小为认知学术语言，即以"课目知识和认知学术语言"学习作为"课语整合式学习"的主题。

❶ 张诗雅，马少云 . 课语整合式学习：融汇语言与文化的民汉双语教育新理念 [J]. 中国民族教育，2018（6）：14–18.

第二章　数学认知学术语言能力的结构及功能

数学认知学术语言的具体表征形式是怎样的？数学认知学术语言具有哪些特征？数学认知学术语言能力的具体构成是什么？数学认知学术语言能力在国家通用语言数学教学中具有什么功能？本章将对以上问题进行阐述。

第一节　数学认知学术语言的表征形式及特征

数学有其自身的语言表达形式和语言表征方式，并以此来表达数学思想、传递数学知识，数学知识的语言专业性表现较为明显。对数学认知学术语言的概念分析，主要从数学认知学术语言的表征形式和数学认知学术语言的特征两个方面入手。

一、表征形式

表征（representation）是知识在个体头脑中的存在和反映方式。心理学的研究认为，按照知识的种类及其提取方式，心理表征分为四种类型：认知地图、心像、图式和心理语言。[1]语言表征主要指语言材料所负载的信息在个体头脑中的存在方式，语言表征是心理表征的一种符号化形式。不同的学科语言具有不同的表征形式。例如，美术学科的语言一般使用线条和色彩来表现事物，音乐主要通过音符和韵律来进行表达，文学主要通过优美生动的词句进行事物和内心语言的表达，而数学主要通过特殊的数学符号来反映数量关系和空间形式。数学认知学术语言的表征形式主要有以下三种。

（一）符号语言

符号语言，指通过特定的数学符号对数学知识进行表征的语言表达形式。由于数学学科的"形式化"特点，而数学符号的应用是形式化表现的重要方式，数学符号是构建数学知识体系、进行数学逻辑分析的基础，甚至有研究者将数学语言定义为"用于表达数学对象之间关系和形式的符号系统"[2]。符号语言在数学认知学术语言表达中具有通用性和简练性的特点，科

---

[1]　余嘉元. 当代认知心理学［M］. 南京：江苏教育出版社，2001：125.

[2]　张乃达. 数学思维教育学［M］. 南京：江苏教育出版社，1990：36.

贝克认为，"数学的效能来自数学符号"[1]。由此可见，数学的符号语言在数学认知学术语言中具有重要的作用。

　　研究者依据不同的分类标准将数学符号语言分成不同的种类，目前主要的分类方式有以下两种。第一种，按照符号语言在数学知识学习中的功能分为运算符号、关系符号、定义符号和辅助理解符号。[2]运算符号主要指在数学运算中使用的符号，主要包括"+、−、×、÷"四种符号，这些符号用于表征数量之间的关系并简化数学运算过程中的语言表达。关系符号指用于表达数量关系的数学符号，主要包括"<、>、≠、∩、∪"，这些符号主要用于运算和推理过程。定义符号指对相关数学对象的名称、位置结构、数学现象和数量关系等进行定义时所形成的符号标志。例如："∠"和"△"分别表示数学对象名称中的"角"和"三角形"；"≌"表示"全等"、"∽"表示"相似"，这两个都是数量对象之间关系的表达；"⊥"表示"垂直"、"//"表示"平行"，这些属于位置关系的表达。数学现象的符号主要通过数学公式得以体现。例如：三角形的面积公式为 $S=\frac{1}{2}ab$，长方形的周长为 $c=（a+b）\times 2$。辅助理解符号指除了上述符号以外，还有一些数学符号是约定俗成的符号，主要用于辅助对数学计算和思考的理解，例如：3−15÷5 中的下划线表示优先计算的意思。第二种，按照学生认知发展的认知

❶ 转引自：邵光华，刘明海. 数学语言及其教学研究［J］. 课程·教材·教法，2005（2）：36.

❷ 张文超，范蔚. 小学生数学语言发展的教育机理与操作路径［J］. 中小学教师培训，2016（11）：46–50.

规律，将数学符号分为三种类型：缩写式符号、象形式符号和约定式符号。缩写式符号一般指对部分数学概念的外文名称进行缩写后使用的相关符号语言，例如："极限"的概念缩写为 lim（limit）、"正弦"为 sin（sine）、"最大"为 max（maximal）、"最小"为 min（minimal）等。象形式符号指对数学对象的相应空间或数量关系进行抽象后，概括式形成的数学图式或图形，一般以缩小后的图形进行表示，或者部分改造后形成的数学符号，如几何学中的一些符号"△、⊥、≌、∥"等。约定式符号主要指由数学共同体共同约定，具有一定的数学思维流畅性和合理性的符号，如"+、−、≌、<、>"等。

通用性是符号语言的一大特点。因此，在符号的书写表征上不存在语言差异，但在不同地区的口头语言进行表达时可能存在差异。从教学和学习的过程来看，数学符号的教学重点在于教师对符号语言的语言表达方式，即语言输出方式，教师的语言输出对学生语言的可理解性输入是至关重要的。如果教师通过国家通用语言的口语表达使学生能够正确地理解符号的含义，学生便能顺利地进入符号语言学习的下一阶段，即高级的信息加工阶段——对数学知识的理解。随后学生对符号语言的输出表现为书面表达和口语表达，由于数学符号的通用性，学生在理解数学知识的基础上进行符号书面表达不存在特殊困难，而口语表达可能存在一定的困难，需要教师进行更多的口语输出训练，以达到全面学习和掌握符号语言的目的。

（二）文字语言

数学认知学术语言中的文字语言主要指以文字的方式进行数学知识表达的语言形式，是一种数学化的自然语言形式。[1]数学中的文字语言并不完全对等于自然语言，因为，自然语言具有一定的随意性和不确定性等特点。由于数学学科的自身特点，必然要求数学文字语言具有逻辑性、简练性等特点。所以，数学中的文字语言是对自然语言进行加工改造后形成的适用于数学逻辑表达的语言形式。其中，"数学化"包含两层含义。第一种理解是，对具有数学学科典型特征的概念、命题和定义的文字语言，其表达过程并不是使用自然语言进行简单的组合，而是根据数学学科的特点，在自然语言的基础上进行一定的加工和改造，对自然语言进行精确化和专业化的过程。例如：数学对象的一些名称，如线段、垂直、平行、全等、相似等，这些概念名称都来源于自然语言，却又不同于自然语言，具有数学学科的语言精确性特点。此外，还有一些语言是对自然语言的使用进行限定后形成的。例如，扩大到几倍、缩小到原来的几分之一等。这些通过对自然语言改造而形成的精确的数学概念是数学知识体系的基础，也是数学认知学术语言体系的基本元素。第二种理解是，将文字语言用于数学情境，对数学问题进行描述。例如："小明有 10 个苹果，送给小红 6 个，还剩下几个？"对于这种传统的小学一年级数学应用题的解决，

---

[1]　邵光华，刘明海．数学语言及其教学研究［J］．课程·教材·教法，2005（2）：36–41，35.

没有特定的数学认知学术语言，甚至在日常生活中也会遇到同样的问题，但这一问题描述的是一种数学问题情境。因此，以上论述的"数学化"的语言也就是数学认知学术语言中的文字语言。由于在表述形式上数学文字语言与自然语言更为接近，因此学生也较为容易理解和接受。❶数学认知学术语言中文字语言主要来源于自然语言，自然语言也是文字语言形成和发展的基础。除了两种语言中文字的相似性之外，数学认知学术语言中的语法规则与自然语言有异曲同工之处，两者在语义方面也存在相似之处。❷

（三）图表语言

数学认知学术语言中的"图表语言"主要指包含一定数学信息的图或表，这些图表能够对数学对象和数学关系进行描述。图表语言与其他两种数学认知学术语言相比，具有形象性和直观性的特点。依据图表在数学问题解决中使用形式的差异，将其分为表格语言、图形语言和图像语言。

1. 表格语言

表格语言指用数据表格的形式对数学对象进行描述的语言，包括数据统计表、数据分析表等。在小学阶段使用较多的是数据统计表。如表 2-1 所示，这是某学校一年级三个班的一次期末数学考试成绩分布，可以看出三个班级在不同分数段的

❶ 张文超. 小学生数学语言能力发展的教学模型 [D]. 重庆：西南大学，2017：29–30.
❷ 邵光华，刘明海. 数学语言及其教学研究 [J]. 课程·教材·教法，2005（2）：36–41，35.

分数分布情况。数学表格语言能够直观形象地体现出问题表述的情境和具体的信息，学生可以依据这些信息进行相应的数据分析，从而解决相关的数学问题。将数学信息以表格的形式再现，能够提高数学问题解决的效率。

表2-1　某学校一年级期末数学考试成绩分布情况统计

单位：人

班级	60分以下	60—70分	70—80分	80—90分	90—100分
1班	0	1	6	17	28
2班	0	3	3	14	27
3班	0	5	5	16	31
合计	0	9	14	47	86

2.图形语言

图形语言指用与具体事物或对象相对应的图形进行表达的语言。图形语言由于其形象性，符合低年级阶段儿童的认知发展特点，所以一般用于低年级的应用题解决中。

图2-1是一种直观的形象图，图中有两个数学问题。第一个问题情境是盒子里有9个球，小男孩又拿来了5个球，一共有多少个球？第二个问题情境是一个盘子里有4个桃子，另一个盘子里有7个苹果，问一共有多少个水果？这种形象图形表示的问题情境符合低年级阶段儿童的认知特点，易于被儿童理解和识别，有利于数学问题的解决。

图2-1 数学图形语言问题解决示意图（1）

图 2-2 用线段图例的形式表达问题情境，也是一种直观图形语言，这种图形语言能够形象地表述两个对象之间的数量关系，例如该问题中的"巧克力比饼干贵 12 元"。很明显，这种图形语言有助于学生对数学问题情境的理解和分析。图形语言的好处显而易见，特别是在国家通用语言数学的教学中，以图形语言的形式进行问题解决的教学较为容易，也更易于理解。国家通用语言的数学问题解决中，这类题的出错率也是最低的。实际教学中，教师使用国家通用语言进行图形问题情境的解释时，仍然是存在困难的。图形语言可以作为一种辅助教学

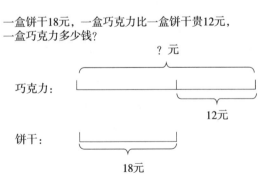

图 2-2 数学图形语言问题解决示意图（2）

语言帮助教师进行语言的有效输出，同时帮助学生更好地进行语言和数学问题的有效理解。

3. 图像语言

图像语言指通过使用函数图像或统计图像进行数学认知学术语言的表达，在小学阶段由于还没有接触函数，因而图像语言主要以统计图像的形式出现。

如图 2-3 所示，是某班级期末考试成绩分布图，每个分数段以柱状图的形式表示具体的人数。这种图像语言可以清晰直观地看出哪个分数段的人多，哪个分数段的人少，对于小学阶段的学生数学复杂问题的理解能够起到帮助作用。

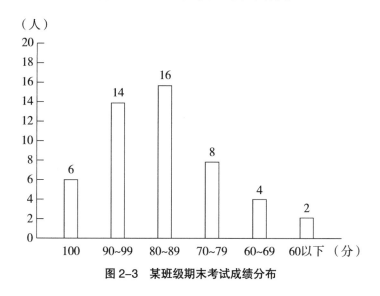

图 2-3 某班级期末考试成绩分布

图 2-4 也是一种图像语言，以折线图的方式呈现了某小学 2020—2023 年拥有计算机情况。折线图的另外一个优点在于能够直观地看出趋势和变化，利于学生进行问题的预测和理解。

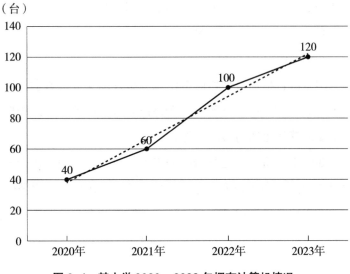

（台）

图 2-4　某小学 2020—2023 年拥有计算机情况

在国家通用语言数学教学中，以图像语言的方式呈现问题情境，有利于学生理解国家通用语言条件下的数学问题情境。由于图像语言具有直观性的特点，学生对图像语言易于理解，然而，这一情况的教学难点仍然是教师如何以学生能够理解的国家通用语言进行讲解，以便学生对数学知识进行有效理解。此外，在教学过程中，当学生在对国家通用语言的理解出现困难时，图像语言可以作为辅助语言帮助学生进行相关问题的理解。

综上所述，数学认知学术语言包括三种主要的表征形式：符号语言、文字语言和图表语言。三种语言表征形式都有各自的特点，三种语言表征形式之间也是相互联系的。在实际的数学问题情境中，学生可以根据不同的问题目标选择不同的语言表征形式进行问题表述，有时也可以将三种语言形式一起使用。在国家通用语言数学教学中，三种语言表征形式也与教学之间存在着复杂的关系。教师在教学过程中，需要使用有效的语言表达使学生对数学知识达到理解的程度，才能使其进一步学习和使用图表语言和符号语言。教师在语言输出过程中，为了提高学生对输入语言的可理解性，可以使用学生能够理解的图表语言和符号语言作为辅助语言进行教学的讲解，特别是图表语言，能够更好地帮助学生理解相应的知识。

二、具体特征

认知学术语言区别于日常生活用语，数学认知学术语言具有数学学科的特征。数学学科中所使用的语言表达形式往往是非日常使用的生活语言，它会定义一些新的符号，对一些陈旧的符号重新定义或改变其意义。这种语言表达形式很少与课堂外的生活相联系。数学认知学术语言具有以下四个特征。

（一）精确性

在前文中对认知学术语言进行概念解析时提到，认知学术语言是在上下文信息减少的情况下出现的，需要高级认知活动参与的语言表达形式。这种语言与日常生活用语相区别的最重要特征就是其语言的精确性表达，数学认知学术语言尤为如此。从语义表达的角度来看，数学认知学术语言来源于日常生活语言，但摒弃了日常生活用语的烦冗、模糊、歧义等特点。

数学认知学术语言是对日常生活语言进行加工和改造后形成的概念、定义精确明晰的语言表达形式。这一精确性的特点表现为以下三个方面：

首先，这一精确性表现为数学认知学术语言表达方式的精确性。数学中的公式、定理、概念、法则等表述都有着十分精确的表达方式，特别是在文字语言的表达中，一字之差就可能导致整个问题情境的改变。例如：对于低年级阶段的小学生而言，数学运算过程中具体运算术语的理解非常重要。许多马虎的学生经常分不清"除"和"除以"，从而导致运算错误。三角形的面积公式为 $S=\frac{1}{2}ah$，有的学生经常漏掉 $\frac{1}{2}$，也会导致运算结果的错误。此外，"积""商""除数""被除数"等概念，表述精确简练，学生在学习时要以理解为基础，否则就容易出现错误或混淆的表述。特别是在国家通用语言数学教学过程中，对于容易混淆的概念和公式，教师在讲解的时候需要进行充分的课前准备和适切教学设计，通过学生能够理解的国家通用语言表述，结合日常生活的实际案例或者图表等形象语言的辅助，使学生明确理解概念的含义，方能进行下一步教学。

其次，数学认知学术语言的精确性还表现为语言表达中上下文信息的减少。认知学术语言的表达情境一般都是去情境化的，往往精练为主题明确的信息。因此，这种精确性主要指认知学术语言的语义信息不会由于上下文信息的改变而发生改变。例如：在数学应用题问题解决中的数学建模，只需要解题者明确给出问题中的数量关系和空间结构就可以了，而其他多余的背景信息都无关紧要。因此，这一过程中需要学生锻炼寻找关键信息的能力，将与解题有关的数量关系和空间结构从上下文信息中提取出来，问题才能迎刃而解。例如，小学二年级的一道应用题："童童买了3本《童话故事》，花了15元钱，那么买1本《童话故事》需要多少钱？"在这一问题情境中，"3本、15元，1本多少元"，是该问题的关键信息，只要把握住了关键信息，无论问题情境如何变化，问题解决的方案都是相同的。若将问题情境变为："强强用了4天的时间种了20棵树，请问平均1天能种多少棵树？"虽然问题的情境发生了变化，但问题的逻辑并没有变，需要找出关键信息是"4天、20棵树、1天"来进行问题解答。

最后，数学认知学术语言的精确性还表现为语言表达不存在歧义，不存在语言表达的文学色彩。在日常生活用语中经常存在同一句话蕴含着两种不同含义的情况，被称为"歧义句"，而数学认知学术语言中不存在这种现象。即便是有的语句可以有两种含义的理解，但其理解在本质上仍然是等价的，没有歧义存在。此时需要学生学会对题意理解的语义转换或等价转换，这也是数学问题解决中重要的解题策略之一。例如，在小学二年级有关乘除法运算中的一道判断题："$30 \div 5$ 和 $30 \div 6$ 这两道算式，计算时所使用的是同一句口诀。"这里需要学生对两道除法算式进行计算，分别为：$30 \div 5=6$、$30 \div 6=5$，同时将除法转换为乘法关系，即 $5 \times 6=30$、$6 \times 5=30$，从而判断是否使用同一句乘法口诀。语义转换的前提是语义的本质并不发生变化，如果本质发生了变化，转换将会导致题意的理解发生错误。例如，有学生将"a 不小于 b"的语义转换理解为"a 大于 b"，导致语义理解发生错误，这种转换就是不正确的。

综上，正是由于数学认知学术语言精确性的表达方式，使得在自然科学和社会科学的量化研究中，研究者们偏爱使用数学认知学术语言的表达方式来呈现自己的研究结果，从而表现出研究的客观性。由此可见，数学认知学术语言的精确性是数学知识中语言表达具有科学性的重要特点之一。

（二）严谨性

在语言学视角下对认知学术语言进行概念解析时发现，认知学术语言具有一些语言表述方面的特征，诸如学术化术语的高频出现、以陈述性的语言形式出现、语法上有复杂的句式和较少有人称代词的出现。数学中认知学术语言的这些特点可以体现为数学认知学术语言的严谨性。数学语言的表达本身是逻辑思维的体现，因此，语言之间的逻辑关系决定了对问题的理解，其严谨性也是其逻辑表达的要求。数学认知学术语言的严谨性主要体现在以下两个方面。

首先，数学认知学术语言表达具有一定的严谨性。对数学的概念、定理和公式等进行表述的时候必须严谨，在学习过程中不能随意更改其表述。例如，在学习梯形的面积时，梯形的面积公式为：面积 =（上底 + 下底）× 高 ÷2，字母公式表述为：$S=（a+b）×h÷2$。不少学生在运用时容易出错，忘记除以 2。对于类似公式的学习不能靠机械性记忆，应当在理解的基础上进行记忆。在教学过程中，教师将公式的推导过程进行分析，让学生理解公式的本质来源，以利于学生的理解和识记。此外，前文中提到的"除"和"除以"仅一字之差，就有完全不同的两种含义；在问题解决的解题过程中，也要求有严谨规范的语言表达。例如：算式的正确表达、"答"的规范使用和具体"单位"的表达，有时"单位"写错也会导致问题解决出错。因此，数学认知学术语言的严谨表达是其严谨性的一个重要体现。

其次，数学认知学术语言的理解也具有一定的严谨性。儿童思维发展的心理学研究发现，数学思维在小学低年级阶段表现为具体形象思维，高年级阶段逐渐向抽象逻辑思维发展。语言是思维的载体，思维通过语言体现出来，数学认知学术语言的理解过程实质是数学思维的形成过程。数学认知学术语言在理解过程中的严谨性，表现为从语言表现形式的句法理解到数学知识的语义理解，这个过程是一个由浅层次到深层次、由表象到实质逐渐深入的过程。心理语言学的研究认为，在个体头脑中存在一个词汇表征集合的"心理词典"，每个人的"心理词典"按照个人学习和习得语言的形式进行表征。不同学科的知识以不同的专业词汇集合形成相应的"心理词典"，数学知识以数学认知学术语言的词汇表征形式形成数学心理词典。认知心理学中有关长时记忆的网络激活模型认为，概念以网络的形式在长时记忆中进行存储。每个概念形成一个节点，语义相近的概念之间的联结较短，反之则较长，在使用一个概念时，该节点被激活，以此激活相应的语义网络。数学知识中的概念存储也具有类似的语义存储方式，词汇和句式本身的特征属于语言的基本特征，仅仅代表该词汇的发音、书写和句法特点等；而其所代表的语义是更深层次的信息，数学语义信息包括具体对象的数量关系和空间结构关系等。在数学认知学术语言理解过程中，当学生看到具体的问题表述时，一般从具体的句法分析开始，通过对长时记忆中具体概念的激活，继而激活与此问题相关的词汇联结，再与已学过的知识经验相联系，从而达到对语义的逻辑理解。这个过程其实是一个严谨的信息加工过程，也是具体形象思维向逻辑思维发展的过程，对于数学认知学术语言的理解是极其重要的。

综上，正是数学认知学术语言理解和表达的严谨性，使得数学问题的解决也具有严谨性。这种严谨性不仅锻炼了学生严密的逻辑推理能力，也发展了学生的抽象思维能力。

（三）抽象性

数学本身是描述事物数量关系和空间形式的科学，从语用学的角度看，数学认知学术语言具有很强的抽象性。认知心理学中对"抽象"的定义为：从具体事物中概括出其共同的、本质的属性与关系，同时将个别的、非本质的属性与关系舍弃的思维过程。[1] 在数学学科中，这一抽象性主要是由数学认知学术语言的表征形式决定的。由于数学认知学术语言主要由图表语言、符号语言和文字语言构成，这些语言本身的表征形式都具有抽象性的特征。符号语言中的"+、-、×、÷、//、≌、⊥"等都是通过符号来表达特定数学含义，例如："∠ACB=

---

[1] 王甦，汪安圣.认知心理学［M］.北京：北京大学出版社，2019：158–159.

∠ADB"，指角 ACB 的度数与角 ADB 的度数相同；"△ABC ≅ △ACE"指两个三角形全等。在诸多数学问题解决过程中，也主要通过数学符号的操作来完成，例如：具体的数学运算、几何证明题等，都体现出数学认知学术语言的抽象性。

此外，数学学科本身是一门抽象的学科。数学认知学术语言主要用于反映事物关系的抽象意义。例如，在小学初级阶段的数学运算学习中，对于算式"12−7=5"可以代表"一共有 12 个苹果，吃了 7 个，还剩 5 个"，也可以代表"一共有 12 个同学，走了 7 个同学，还剩 5 个同学"。因此，算式"12−7=5"是对能够使用该算式进行计算的这一类问题的抽象表征。由此可见，抽象性的数学认知学术语言是对事物（数量关系和空间形式）的一般性规律的反映。掌握具有一般意义的数学公式的使用，能够使学生将抽象的公式意义具体化到实际的问题情境中，这也是数学问题解决的能力体现。

（四）简练性

从语言表达的形式上看，数学认知学术语言具有简练性的特点。简练性指数学认知学术语言在表达过程中具有简洁和精练的特点。数学认知学术语言本身具有独特的语言魅力，懂得数学和热爱数学的人会将这种语言看作理性而又美丽的语言。数学认知学术语言的简练性主要体现在以下两个方面。首先，数学认知学术语言中，数学概念、定理、公式等的表述具有简练性。这种简练性表现在对数学问题情境的描述中，每一个数学问题情境都尽量使用最少的文字和最精练的语句呈现出最重要的信息。对于具有相同意义的词汇不要求反复出现，一般去掉重复的信息或具有重复意义的信息。其次，在数学问题的解决过程中，描述事物数量或空间关系的语言应该具有概括性。概括的过程也就是对事物本质进行提炼的过程，因此分析和综合是这个过程不可缺少的因素。同时需要厘清问题中事物的关系，把握问题的关键，从而解决问题。

综上，数学认知学术语言的简练性是其重要特征之一，使用简洁精练的语言进行数学对象之间关系的表达以及数学问题的解决，是学生在数学学习过程中需要掌握的数学认知学术语言表达能力之一，也是数学抽象思维发展的必然所在。

第二节　认知学术语言能力的构成

为了更清晰地探讨数学认知学术语言与数学认知学术语言能力的关系，需要首先从与能力相关的高级心理过程——"思维"入手，分析语言与思维的关系；其次探讨能力与知识的关系；最后结合这两组关系的分析，对数学认知学术语言能力的构成进行分析。

一、语言与思维的关系

语言本身是一种社会现象，主要指人类通过高度结构化的声音组合或书写符号、手势等构成的一种符号系统，并通过使用这些符号系统进行思想交流的行为。构成语言的基本单位是"词"，"词"本身也是一种符号，用来标志一定的实物。按照特定的语法规则组合起来的词构成短语和句子。思维是对客观事物间接的和概括的认识，以语言、表象或动作的形式完成这一认识过程，是认知活动的高级阶段；思维能够揭示客观事物的本质特征以及事物之间的内部联系，这一特质以概念形成和问题解决的形式表现出来。❶长久以来，在语言学和心理学领域，关于语言与思维的关系问题一直存在争议。不同学科领域曾经提出过不同的解释，例如，有学者认为，语言是思维的外壳，是人类表达思想的工具。❷持这一观点的研究者认为，思维的内容以语言的形式进行表达，语言是思维的物质载体，同时思维在语言表达的基础上继续发展，因此，两者之间存在互为依存的关系。从这一观点出发，思维和语言共同构成了一个以"语言为形式、思维为内容"的统一体。对于两者之间的关系，学术界主要从发生学次序和决定论两个角度进行分析。

（一）语言与思维的发生次序

语言与思维的发生次序主要指语言与思维在发展的顺序上谁先谁后的问题。对这一问题的争论集中于"语言发展先于思维"还是"思维发展先于语言"。持"语言发展先于思维"观点的研究者以法国哲学家孔狄亚克（Condillac）为代表，思维

---

❶　彭聃龄.普通心理学［M］.北京：北京师范大学出版社，2012：298.
❷　刘燕.语言与思维的关系述评［J］.外国语文，2012（2）：89—92.

的表达通过个体语言的使用来实现，如果没有语言的表达，人类便无法控制思维的进行。在前语言时期，由于生理机能和环境的限制，人类的语言表达没有现在发达，在没有语言的情况下，无法进行记忆和思考。因此，孔狄亚克认为，远古的人类只有无意识的想象，没有记忆和思考。[1] 此外，有关"思维发展先于语言"的观点主要来自以皮亚杰为代表的部分研究者。皮亚杰以儿童认知发展的四个阶段为出发点，即感知运动阶段（0—2 岁）、前运算阶段（2—7 岁）、具体运算阶段（7—11 岁）和形式运算阶段（11—15 岁）。他认为，在儿童认知发展的这四个阶段，每个阶段都有不同的思维发生，只不过思维以适合于该阶段儿童认知发展特点的方式而存在。以音节形式的真正的语言发生在感知运动阶段的末期，此时的儿童主要通过具体的动作和感知的协调组织经验，从而探索并适应外部环境。在幼儿还没有形成语言之前，就已经具有了动作思维能力。例如：幼儿会将自己手中的东西交给妈妈，会拉着妈妈的手去拿他 / 她够不着的东西。从语言发展的角度讲，这个阶段是儿童语言发展的准备时期。国内学者伍铁平也认为，无论从个体发生学还是系统发生学的角度分析，思维的发展先于语言。他的研究中列出了一些生活经验的实例：幼儿一般在 2 岁左右获得语言能力，能够进行简单的语言表达；而实际上幼儿在不足 1 岁的时候就可以对陌生人的面孔进行识别、对物体进行分类，这说明幼儿此时已经具有形象或者抽象的思维能力，

---

[1] 转引自：周苏君 . 论语言与思维的关系 [J] . 北方文学（下半月），2011（2）：121.

只不过无法用语言进行表达。❶

（二）语言与思维的决定性关系

语言与思维的决定性关系问题主要指语言决定思维还是思维决定语言。持"语言决定思维"观点的研究者以美国人类学家萨丕尔－沃尔夫（Sapir-Whorf）为代表。在该假说中主要包括两个部分：一是"语言决定论"，二是"语言相对论"。"语言决定论"认为由于个体往往通过语言中的编码和符号来定义和解释世界，因此语言决定了思维。"语言相对论"的表述方式要弱于"语言决定论"。这一假说认为，语言仅仅"反映"了思维，而没有用"决定"这个词。这是由于每种语言的结构都具有多样性，特定的语言系统都是由该语言系统特有的语言符号和定义所组成，并以此来反映客观世界。由于语法系统是表征头脑内部思维内容的工具，语言称为思维的制造者。思维的形成只不过是语法系统形成的一小部分，不同的语法系统控制了思维存在的方式。与萨丕尔－沃尔夫的观点相反，有学者提出认知假说并认为思维决定语言，人类语言的表达是对思维结果的表述，没有思维和思考的过程就没有语言的表达，语言所表达的正是思维的结果。在使用不同语言符号表达同一个思维内容时，尽管表达这一思维内容的语言符号存在差异，但这些不同语言符号所代表的对某一问题的语义表征是一致的，即思维的内容是一样的。这正是由于在认识客观事物的过程中，

❶　转引自：向明友，张竞田.论语言与思维的关系［J］.同济大学学报（社会科学版），2009，20（4）：91–95.

人类总是从各种不同的现象中抽象出事物的本质特征，而这一过程正是思维的结果。❶

综上所述，以上两种观点都是片面地从某一个角度对语言与思维关系的论证，并没有从本质上把握两者之间的内在关系。关于这一问题的争论，众多研究者也都从语言学、人类学、心理学的角度进行了分析，但究竟怎样才能比较全面地阐述语言与思维的关系？在有关语言与思维关系的问题分析上，维果斯基通过大量的实证研究和文献分析，在其著作《思维与语言》一书中，提出了自己的独特见解。他通过发生学的分析方法，以"语义"为语言分析的基本单位，从个体发生、种系发生和语言发展的角度动态地分析了语言和思维发展的关系问题，提出了自己独特的学术观点。国内学者吴进善将其总结为三个方面，即语言与思维的异源论、语言与思维的动态发展关系论和内部言语思维理论。❷ 其主要观点为：语言和思维有着不同的发生学根源，思维的发生学根源主要是低级的心理机能。低级的心理机能主要包括感觉、知觉、情绪等，而高级的心理机能包括记忆、抽象思维等。人类的思维能力是通过低级的心理机能在工具与符号的作用下，通过人际交往活动产生和发展而来的，是社会文化历史的产物。而语言的发生学根源是表述性的发声反应。维果斯基进而认为，语言与思维的关系是一个动态发展的关系。从种系发展的角度看，语言和思维两者

---

❶ 刘燕.语言与思维的关系述评 [J].外国语文，2012（2）：89–92.

❷ 吴进善.维果茨基的语言与思维关系理论解读 [J].西北民族大学学报（哲学社会科学版），2016（2）：124–130.

是沿着不同的路线发展的，彼此之间独立存在。思维和语言的发展都存在前智力和前语言阶段，语言和思维的发展互相独立。从个体发生来看，语言与思维的发展过程存在交互作用，大约 2 岁之前儿童在语言发展中属于前智力阶段，相应的思维发展属于前语言阶段；2 岁之后两者的发展又存在着重复的过程，语言与思维发展相互联系、相互依存。基于此，维果斯基将语言与思维的发展过程视为一个动态的发展过程。

综上，对于语言与思维的关系分析，能够帮助我们更好地理解认知学术语言能力的构成。以下是在两者关系分析的基础上，对认知学术语言能力的构成进行的分析。

二、认知学术语言能力的构成

（一）语言能力的构成分析

"语言能力"这一术语是语言学研究领域的重要概念，基于不同理论框架对其定义也存在差异。生成语法学派的创始人乔姆斯基（Chomsky）认为，语言能力主要指语言和语法知识的能力，是一种天赋的认知结构，是个体对语言内在知识的掌握，包括能够理解他人的话语、能够判断句子表达是否合理、能够自然地通过语言进行交际等。❶然而，海明斯（Hymes）则认为，语言使用的知识是语言能力的重要组成部分，他将语言使用划入语言能力的范畴，提出"交际语言能力"这一

---

❶　转引自：张德鑫. 谈语言能力及能力测试［J］. 语言文字应用，1997（4）：63-69.

概念。❶后来有研究者将语言使用策略能力也包含在语言能力之中。我国学者戴曼纯认为，基于语言学中不同的研究领域和研究问题，"语言能力"没有统一的概念定义，研究者应当根据自己研究的目的和内容对"语言能力"进行定义，以避免诸如此类的争论。❷在外文文献中，对"能力"一词的表述有多种，例如：competence、capability、capacity、proficiency、ability、skill 等。在国外有关语言能力等级量表的制定中，一般使用"proficiency"和"competence"。泰勒（Taylor）对"proficiency"和"competence"进行了明确的区分。他认为，前者其实指的是语言水平，后者指的才是语言能力；前者更多涉及语用知识的能力，后者主要指的是知识。❸本书在对国内外"语言能力"这一概念进行文献查阅的基础上，对这一概念从以下两个方面予以分析。

1.交际语言能力框架下的概念构成

在语言教学中，由于较多的研究者从语言使用的角度认为，语言能力主要是能够使用语言进行交际的能力。因此，在对语言能力进行研究时主要涉及的也是交际语言能力。国外和国内诸多语言教学方面的大纲较多遵从于巴克曼（Bachman）

---

❶ 转引自：肖坤学.对语言"交际能力"理论的反思［J］.广州大学学报（社会科学版），2004（5）：54–55.

❷ 转引自：满在江.二语语言能力描述语库建设的理论与实践［J］.语言科学，2013，12（6）：592–598.

❸ 转引自：杨文秀.语用能力·语言能力·交际能力［J］.外语与外语教学，2002（3）：5–8.

的交际语言能力的理论框架。❶ 在该理论中，巴克曼认为，交际语言能力主要由语言能力、策略能力和心理生理机制三个方面构成。其中，语言能力主要包括语言组织能力和语用能力。在之后的研究中，巴克曼对其理论进行了修改，将"交际语言能力"改为"语言能力"，并认为语言能力由语言使用能力和策略能力两部分构成。之后的研究者对交际语言能力构成的成分进行了更进一步的研究，并认为语言能力由四个大的方面构成：语言技能、社会语言学能力、话语能力和语言交际策略。其中，语言技能包括听、说、读、写四个方面；"社会语言学能力"包括学习者的心理因素、特定的场合、语言行为和社会地位等；"话语能力"即能否连贯地进行话语表达的能力；"语言交际策略"主要包括重复、语言转换、回避等。在此之后，巴克曼提出了有关交际语言能力的模型，这一模型主要包括语言能力、策略能力和心理运动机制三个方面。

国内有关这一问题的研究，主要以杨亦鸣的研究为典型代表。杨亦鸣等在对语言认知的发展进行规律性研究的基础上提出了有关语言能力的解释。他们从当代语言国情和提高国民语言能力的角度，认为语言能力是一个塔形的"两维四面三层"的整体结构。其中，"两维"主要包括口语表达和书面表达、语言理解能力和语言表达能力；"四面"主要指听、说、读、写四个方面；"三层"包括知识素质、能力素质和文化素质三

---

❶ BACHMAN L F. Fundamental Considerations in Language Testing［M］. Oxford：Oxford University Press，1990：56–58.

个层级的语言素质。❶

2. 认知科学理论框架下语言能力的构成

近 20 年来，认知科学的兴起为语言学的发展提供了先进的研究手段和新的研究领域。认知科学由认知心理学、认知神经科学、语言学、生物学和人工智能等学科构成。认知科学的诞生标志着人类对科学的探索从外在的自然界转向人类自身的内在思维活动。受认知科学思想的影响，语言学的理论研究也逐渐带有认知科学的色彩。特别是认知心理学思想影响下的认知语言学的发展，为语言学领域的研究提供了新的研究视角。石毓智在对这一领域研究的总结和自身研究经验的反思中提出了"语言能力合成说"，该假说认为，语言能力受基本认知能力的影响，语言能力不是天生就具有的，也不是独立于其他认知能力而存在的，语言能力与认知能力协同存在，主要包括以下七种。（1）符号表征能力。符号表征能力指语义信息在头脑中进行表征的能力。表征是认知心理学的学术用语，指信息在头脑中的呈现方式，也是问题解决的重要环节。符号表征能力主要包括三种：一是表征的关联性能力，指能够意识到某图形或声音形式，是代替另一物体的符号；二是表征的双重性能力，指能够使用两种方式进行思维活动，意识到一个物体既是一个客体，又是一个符号的所指；三是表征的特定性能力，能

---

❶ 杨亦鸣，刘涛. 中国神经语言学研究回顾与展望［J］. 语言文字应用，2010（2）：12–25；杨亦鸣. 语言能力训练：口语篇［M］. 北京：高等教育出版社，2012；张强，杨亦鸣. 语言能力及其提升问题［J］. 语言科学，2013，12（6）：566–578；杨亦鸣. 语言能力新视野与社会发展［J］. 语言科学，2016，15（4）：343–346.

够意识到特定的符号代表特定的实体。（2）数量认知能力。数量认知能力是学习语言的必要条件之一。在语言运用中存在大量的与数量有关的语法范畴和语法结构，语言的语用与数量的认知是紧密相连的，同时数量表达也是语言最常见的表达内容之一。数量辨别能力也是认知能力的重要组成部分，这一能力遵从一定的相关原则。（3）概括、分类能力。概括、分类能力在语言学中又被称为"范畴化"能力，由于语言中"词"是基本的构成单位，"词"是由人类对客观事物的共同特征进行抽象、分类得出的事物标识性信息。个体的概括、分类能力是个体词汇系统形成的关键因素，通过这一能力对事物特征进行概括和分类，以便于词汇系统的形成。同时，概念的形成也是这一能力的具体体现，概念是一个层级系统，概念由具体的词汇进行表征，但却是某一类具有相同特征词汇所指事物或客体的集合，概念具有更深层次的含义。概念的形成过程同样是语言概括和分类能力的体现。（4）记忆、预见能力。记忆能力是认知活动的基本能力之一，在语言学习和习得过程中，只有将所学习和习得的语言符号和语义表征以图式的形式存储在长时记忆中，个体才能更好地使用语言。预见能力指个体对事件发展进程的认知，即个体可以依据已有模式预测未来事件的发生过程。这一能力也是个体习得语言将来时范畴的语法手段。（5）联想、推理能力。联想、推理能力主要指个体可以根据已有的经验信息对现在知觉的客体或语言信息进行进一步表征、推测出事件发展逻辑关系的能力，该能力特别体现在儿童对于语言规则的学习中。（6）声音、形状辨别能力。声音、形状辨别能力主要指个体对语言特征的感知能力，例如辨别单词的语音形式，即语音辨别能力。该能力具有先天的特性，只有人类个体才能表现出范畴性的、言语形式的听觉辨别。（7）空间、时间辨别能力。该能力主要表现在语法标记、语法结构空间和时间表达中，由于空间和方位是基本的语言范畴，这些范畴均来自语法化的过程和结果。同时，这一能力对事物三维性质、距离等概念的学习也是非常重要的，空间和时间的认知能力也是习得语言中形容词的必要条件。❶

此外，笔者在梳理有关"语言能力"概念定义的过程中发现，乔姆斯基针对行为主义认为语言能力是语言习惯的观点，提出了"语言能力"这一学术用语，其早期的目的是强调语言能力的生成作用和创造特征，本意也只是从语言形式的角度强调语法能力。在之后的这一领域研究中，有研究者认为，语言形式并不是语言能力的重点，应该着重研究语言中的语义信息。直到后来，海明斯从社会学的角度提出了交际语言能力的概念。尽管"语言能力""交际语言能力""语用能力"这三个关键性的术语均含有"能力"的意思，但对它们的意义解释又存在分歧。在认知科学兴起之后，除上述语言能力分类之外，有学者针对这一争论性的问题继续从认知心理学的角度进行解析。陈开顺认为，由于语言知识在长时记忆中的存储依赖于语言的熟练程度，而这一熟练程度与学习语言的技能有关，长时记忆中存储陈述性知识和程序性知识，其中程序性知识更多地

---

❶ 石毓智.语言能力合成说的认知心理学证据［J］.语言研究，2007（3）：59-68.

与语言技能的掌握相联系。因此，他强调语言能力中应当加入语言技能的成分。❶从认知心理学的视角来看，技能与高级心理活动相联系，技能的形成并不是简单地重复。从心理表征来看知识的表征方式，主要包括文化知识表征、逻辑知识表征、语言形式规则、语义规则、语用规则和程序性知识等。

由于认知心理学本身的学科性质和学术观点，强调打破行为主义心理学的理论框架，使用主观性的假设理论解释人类大脑的内部活动，这种学术观点将内部心理活动与外部的行为整合为一个统一的心理活动的解释框架。技能，特别是动作技能作为一种程序性知识的体现，具有很强的自动化特征，一旦某种技能形成，便很难遗忘。语言技能同样存在于认知结构中，认知结构指大脑对来自感知觉经验的组织和分析，这一形成过程带有无意识性和自动化的特征，并遵从从简单到复杂、从不熟练到熟练和从有意识行为到自动化行为的特征。认知神经科学的研究成果发现，后天的学习经验可以建立或改变神经细胞之间的联结，语言的后天学习也不例外。这为我们更好地理解国家通用语言教学的可塑性提供了科学的证据，国家通用语言能力的提高依赖于建立以概念为单位的语义网络系统，这一系统的建立同样依据于神经科学的证据。语言组成中，概念与概念之间通过特征的联系而建立有层级的语义网络模型，网络的激活涉及认知结构的激活，激活的速度反映了语义联结自动化的程度。基于这一分析，陈开顺认为，认知心理学从两个方面

---

❶ 陈开顺. 从认知角度重新探讨语言能力的构成与表征［J］. 外语研究，2002（3）：16–21.

对语言能力的框架进行了阐述：一方面是从心理表征的视角，另一方面是从计算范例的视角。❶ 认知心理学的信息加工观点将人的大脑比作一个信息处理系统，包括三个部分：一是信息的输入，即通过感知觉的心理过程获取外界信息；二是信息加工，即通过高级神经系统对信息进行加工处理；三是信息的输出，即通过外在的行为方式将加工处理过的信息表达出来。在这一框架中，CPU 是关键，对于人类而言 CPU 就是大脑。陈开顺将语言能力概括为一个公式，即"语言能力 = 语言相关程序 / 内存 + 语言处理速度"。因此，知识的自动化反应程度决定了大脑的信息处理速度，进而反映了语言能力。❷

以上是目前研究者对语言能力概念和表征的分析，主要从语言的语用性即交际语言能力，以及基于认知科学的语言能力分析。从以上分析中可以看出，对于语言能力构成的分析应当结合具体的理论基础。尽管这一概念解析存在争议，但仍然可以依据具体的研究内容和相应的理论进行结构分析。

（二）认知学术语言能力的构成

对认知学术语言能力构成的分析基于对认知学术语言的概念定义，即个体在学校教育中其口语和写作的语言表达所能达到的程度。尽管卡明斯对这一概念进行了定义，但却没有对认知学术语言能力的具体构成进行分析。在基于国内外学者对语

---

❶ 陈开顺 . 从认知角度重新探讨语言能力的构成与表征 [J]. 外语研究，2002（3）：16–21.

❷ 陈开顺 . 从认知角度重新探讨语言能力的构成与表征 [J]. 外语研究，2002（3）：16–21.

言能力构成和表征分析的基础上，笔者对"认知学术语言能力"的构成进行了分析，认为其主要由以下三个方面构成。

（1）认知学术语言技能。认知学术语言作为语言能力的一种形式，也应当具有基本的语言技能，即听、说、读、写四个方面。这四个语言基本技能也是认知学术语言的基本技能，学生在完成相应的学术任务时，依据不同的任务条件，选择使用的语言技能也是不同的。

（2）认知学术语言的理解能力和表达能力。从语言的接受性和产出性的角度出发，可以将认知学术语言能力分为语言理解能力和语言表达能力。黄敬、王佶旻将国家通用语言能力进一步划分为听力理解能力和阅读理解能力。其中，听力理解能力包括概括总结能力、细节捕捉能力和推理能力，阅读理解能力包括理解显性信息和理解隐性信息的能力。此外，听力理解能力和阅读理解能力在理解过程方面具有相似性，存在差异的地方主要体现在解码过程中，具体表现为理解信息的感觉通道差异，听力理解主要是听觉方式的解码，而阅读理解主要是视觉方式的解码。此外，在国家通用语言的学习过程中，学习者语言能力和测试任务特征也会影响语言理解能力的可分性。[1]"认知学术语言表达能力"主要指以与学术信息有关的词汇或语法结构语言内容的逻辑关系为基础，通过"说"（口语表达）或"写"（书面表达）的方式组织成连贯有序的语句，进而认识外部世界的语言输出能力。因此，认知学术语言的表

[1]　黄敬，王佶旻.基于结构方程模型的高级水平汉语学习者语言理解能力结构探究［J］.华文教学与研究，2013（2）：24–35.

达能力也主要包括口语表达能力和书面表达能力，口语表达能力主要指以"说"的方式进行口头语言的表述，也包括一些手势语言；书面表达能力主要指通过"写"的方式进行语言的表达。温忠义认为，语言表达能力有三个组成要素。一是思维能力，即使用语言形成概念、进行推理、作出判断的能力。思维能力具有概念化、范畴化和结构化的特征，其中概念化又是核心的特征。在对语言内容进行概念化的基础上，将概念之间的关系逻辑式地联结起来，进一步形成短语、句子和篇章。语言表达的内容是对世界本质的认识。二是语言知识，主要包括词汇和语法知识。三是语言技能，即"说"和"写"。在对语言表达能力进行评价时，可以从准确性、连贯性、丰富性三个角度去分析。❶

（3）认知学术语言的功能。语言功能实际上是对语言技能的具体运用，学术语言功能区别于日常生活语言功能。例如，日常生活语言功能主要是与人际交往相关的问候和表达。认知学术语言的功能主要涉及与学术知识学习有关的对信息的辨别和描述、对过程的分析和解释、对概念的解析、对观点的判断和评价等。在某些课堂教学中，认知学术语言的学习并不是有目的性的，往往是在教师和学生的互动交流中习得了这种语言能力。在基于语言发展的学科教学中，教师与学生之间的互动式教学，将有利于认知学术语言功能的发展。例如，教师和学生在讨论的过程中掌握了专业概念，在使用国家通用语言分析

---

❶ 温忠义."项语语言表达能力"概念界定及评价指标研究［J］.重庆大学学报（社会科学版），2015，21（2）：155-161.

问题的过程中学会了比较、分类、概括和总结等能力。因此，在基于语言能力发展的学科教学中，提高学生通用语言条件下的认知学术语言能力将有利于学生发展分析问题和解决问题的能力，而不仅仅是表面上的理解问题。❶

　　在基于专业内容的通用语言课堂教学中，认知学术语言功能主要包括：寻找关键信息，对问题进行分类；陈述、解释和描述；比较；分类和排序；分析；推理；证明；问题解决；综合；评价。如表 2-2 所示，这些所有的功能在学科教学和学习中都很重要，例如为了能很好地解决一个数学应用题问题，学生需要首先理解应用题所提供的信息，分析这些信息中哪些是与解题有关的关键信息，对信息进行分类后，选出关键信息并判断出数量关系，最后制订解题计划解决问题。

表 2-2　认知学术语言功能示意

认知学术语言功能	逻辑思维技能	学生如何使用语言	举　例
寻找关键信息，对问题进行分类	理解	观察环境，通过口语或书写的方式获得信息，提问	使用"谁、什么、什么时候、为什么"等获取信息
陈述、解释和描述	/	辨别，报告和描述信息	详细叙述教师提供的信息，讲述一个事件或故事
比较	比较、对比	对客体或观点的相似和不同之处进行比较	通过图表来呈现比较的信息差异

---

❶ DICKER C. The CALLA Handbook: Implementing the Cognitive Academic Language Learning Approach [J]. Tesol Quarterly, 1994, 28（3）: 647–648.

续表

认知学术语言功能	逻辑思维技能	学生如何使用语言	举 例
分类和排序	分类	依据客体或观点的特征进行分类，对客体、观点或事件进行排序	对规律进行解释，对文章的段落进行排序等
分析	分析关系	将整体分为部分，辨别类型和关系	描述教师或文本提供的信息特征和关系
推理	归纳、推理和结论	推理、预测和作出假设	描述过程的原因，作出假设或推理
证明	论证	对行为、决策和观点作出假设	说出或写出为何A是正确的，并提供证据
问题解决	问题解决	定义、呈现并解决问题	描述解决问题的过程
综合	/	结合或整合观点形成一个新的整体	对已知信息进行综合，将新的信息纳入已有的观点
评价	作出决策	证明某一观点的价值性	辨别标准，解释特点，决策的原因等

资料来源：DICKER C. The CALLA Handbook：Implementing the Cognitive Academic Language Learning Approach[J]. Tesol Quarterly, 1994, 28（3）：647.（笔者根据文献内容自制）

此外，在完成学术任务的过程中，认知学术语言功能的使用同时需要低级和高级的思维能力。在学术领域中低级的思维能力主要包括回忆事实、辨别词汇和作出决定，而高级的思维能力主要包括使用语言进行分析、综合和评价。思维能力和语言功能（如陈述、解释、分析、总结和评价等）往往是交互作用的，正如前文中有关思维与语言的关系中所阐述的，两者之间存在着交互的关系。语言功能与较低级的思维能力的交互作用主要体现在简单的语法结构中。例如，简单的文本理解，一般为描述性的文本，往往只涉及简单的句型和语法，学生较为容易理解；而对于复杂结构的文本，包含复杂的语法结构和逻辑关系时，便需要高级的思维能力来理解文本信息，此时就需要使用比较、分析、总结等语言功能。因此，认知学术语言能力可以看作使用不同水平的思维能力和语言功能，通过一定的语言技能表达学术内容或活动的特殊能力。[A]在这一能力的使用过程中，也涉及具体语言元素的使用，如词汇、语法结构、发音等；语言技能的使用也可能是一种或多种语言技能的结合。

综上所述，三个维度的认知学术语言能力结构之间也存在着一定的关系。语言技能中的"听"和"读"是语言理解的重要过程，是语言信息的输入；而"说"和"写"是语言表达的重要过程，是语言信息的输出。语言理解和语言表达的语言内容又通过认知学术语言功能加以体现：语言理解能力中的思维能力是使用语言形成概念、进行推理、作出判断的能力，这些能力也是认知学术语言功能的体现。因此，认知学术语言技能、认知学术语言理解和表达能力，以及认知学术语言功能三个方面共同构成了认知学术语言能力的结构框架，三个方面彼

---

❶ DICKER C. The CALLA Handbook：Implementing the Cognitive Academic Language Learning Approach［J］. Tesol Quarterly，1994，28（3）：647–648.

此之间相互联系、相互依存。

第三节　数学认知学术语言能力的构成

认知学术语言能力的定义源于"academic"（学术）一词。卡明斯在基于语言发展的学科教学研究领域中将"认知学术语言能力"定义为：学生在学校教育中其学术语言的口语表达能力和书面表达能力所能达到的程度。❶ 在具体的学科教学中，例如数学学科教学中，与数学教育有关的认知学术语言能力的分析也应该基于数学学科本身的特点。数学语言既是数学思维发展的工具，又是数学知识的载体，在数学学习中起着举足轻重的作用。数学能力的提高离不开数学语言的理解和使用。结合上文中对数学认知学术语言的特征和认知学术语言能力的构成分析，对数学认知学术语言能力的构成进行解析，主要包括以下三个维度。

一、技能构成

这一维度依据认知学术语言能力的技能成分进行分析，数学认知学术语言能力的技能包括听、说、读、写四个方面。

---

❶ CUMMINS J. BICS and CALP：Clarifying the Distinction［J］. Bilingual Education Programs, 1999：7.

（一）"听"

"听"主要指教师以口头表达的方式教授知识，学生听力理解的过程；也包括教师以教学媒体的方式呈现教学信息，学生听力理解的过程；以及在学生的小组讨论中，学生听取其他同学阐述问题的过程。"听"是感官理解的重要信息输入渠道，是语言信息输入的重要途径之一。

（二）"说"

"说"主要指通过口头表达的方式将自己理解的数学问题的解题过程表达出来的过程。在数学的教学过程中，训练学生将自己的问题解决过程"说"出来，将有利于学生语言能力和数学思维能力的发展。越来越多的数学教学开始强调对学生学会"说"的能力培养。特别是在国家通用语言数学课堂学习中，相比于书面表达，以"说"的形式进行口头表达知识内容会相对比较容易一些。从易到难，由学会"说"到学会"写"，使学生逐步地掌握国家通用语言的数学学习，也符合语言认知发展的规律。张文超等也用实验证实了"说"在数学教学中的重要性，认为在数学教学中，"说"是一种思想并指向课堂教学理念，"说"是一种教师素养指向教学目标，"说"是一种教学策略指向设计过程，"说"是一种教学评价指向教学反馈，并由此提炼出了"三说"教学模型，该教学模型有效地提高了

学生的数学能力和学业成绩。**❶**

（三）"读"

"读"主要是学生通过视觉的感觉方式输入信息的过程，在数学学习中，包括学生读取文本信息、教学媒体中呈现的信息等。因此，"听"和"读"是语言理解过程的开始阶段，是语言信息输入的重要方式。

（四）"写"

"写"主要是以书面表达的方式进行数学问题的解答，是数学知识进行语言表达的重要方式。由于一般的数学测验主要以书面试卷的形式对学生的数学知识掌握情况进行考核，因此，如何正确地进行书面表达是数学认知学术语言表达的重点。特别对于学生而言，如何正确地使用国家通用语言进行数学知识和数学问题解决的书面表达也是数学认知学术语言学习的重点。由于"写"比"说"的表达方式更难掌握，需要教师和学生花费更多的时间和精力在"写"的训练上。很多学生能够正确地以口头表达的方式阐述和解决数学问题，却难以"写"出正确的书面表达，从而导致了较低的数学测试成绩，特别是涉及文字表达的部分。理查德·巴威尔（Richard

---

❶ 张文超，吕小红."说数学"教学模式对提高小学生问题解决能力的实验研究［J］.西南农业大学学报（社会科学版），2013，11（3）：177–181；张文超，范蔚.小学生数学语言发展的教育机理与操作路径［J］.中小学教师培训，2016（11）：46–50；张文超.小学生数学语言能力发展的教学模型研究［D］.重庆：西南大学，2017：192–193.

Barwell）在其编著的 *Multilingualism in Mathematics Classrooms：Global Perspectives* 中讲到一位叫萨拉（Sara）的数学老师如何使用"数学写作"的方法来提高小学生的通用语言数学成绩。萨拉老师让学生们每天进行数学写作训练，这种训练的目的是让学生学会具体的通用语言下的数学概念及数学知识的联结。她并不强调词汇的拼写和语法问题，而是向学生抛出一个数学问题后引发学生的讨论，要求学生对这一问题进行写作，使用自己能够使用的所有相关词汇，并对每位同学进行反馈。萨拉仅仅用了几个月的时间就大幅度地提高了通用语言水平较低学生的数学成绩。可见，有效的方法能够在短时间内提高学生通用语言数学书面表达能力。❶

综上所述，听、说、读、写四种语言技能也同样是数学认知学术语言能力应该具有的四项语言技能。"可理解性的语言输入"是进行语言信息加工的重要前提，对数学认知学术语言的"听"和"读"是语言输入的主要过程，对听到和读到的信息的正确理解是进行下一步数学问题解决的关键所在。"说"和"写"是语言信息的输出过程，分别对应口语表达和书面表达，正确地使用通用语言条件下的数学认知学术语言进行语言表达是数学问题解决的最后一个环节。因此，四种基本的语言技能是数学认知学术语言的重要组成成分。

---

❶ BARWELL R. Multilingualism in Mathematics Classrooms：Global Perspectives［M］. Bristol：Multilingual Matters, 2009：139–142.

二、内容构成

在上文对语言能力的分析中，学者们一般从语言的接受性和产出性上将语言能力划分为语言理解能力和语言表达能力。然而，从心理语言学语言信息加工过程考虑，一个完整的信息加工过程不仅包括信息的输入和输出，即语言理解和语言表达，还包括语言信息的中枢加工过程。基于数学认知学术语言的特点，数学问题解决过程中，对数学问题的解决主要是对数学认知学术语言进行内部的转换和深层次的加工，通过语言理解所输入的信息能够有效地和学生已有的认知结构相结合，并对所涉及的数学知识进行问题解决。张文超将这一过程称为数学认知学术语言的"语言转译能力"。[1] 基于以上分析，数学认知学术语言能力的内容构成上主要包括三个方面：数学认知学术语言理解能力、数学认知学术语言转译能力和数学认知学术语言表达能力。

（一）数学认知学术语言理解能力

语言理解能力指对语言信息的感知、识别和将语言信息纳入个体已有认知结构中，对语言信息实现认知的同化和顺应，从而获得新意义的过程。[2] 数学认知学术语言理解能力主要指

---

[1] 张文超. 小学生数学语言能力发展的教学模型研究［D］. 重庆：西南大学，2017：192.

[2] 张文超. 小学生数学语言能力发展的教学模型研究［D］. 重庆：西南大学，2017：192.

对数学知识的感知、识别，并将数学知识与学生已有的认知结构中的认知信息同化和顺应，进而获得意义的过程。卡罗尔（Carroll）将语言理解分为两个阶段：理解语言信息的语言学阶段和非语言学阶段。❶ 有学者认为，在语言理解过程中，不仅需要利用信息本身的语言学知识，也需要利用语言信息所代表的特定的语义特征，也有学者将其称为相应的"世界知识"。在数学学习过程中，对数学认知学术语言的语言理解过程不仅包括对语言信息的语音、词汇、语调、语法等语言特征的感知和辨别，还包括对语言信息所代表的数学知识的理解。从认知水平上讲，这两个阶段的理解统一为语言理解的心理过程，其中对语言信息所蕴含的数学知识中语义信息的理解是在语言学理解阶段的基础上发生的。❷ 现代认知心理学的信息论从信息加工的观点对语言理解过程进行了分析，结合这一信息加工机制对国家通用语言教学中数学认知学术语言的语言理解过程进行了分析，如图 2-5 所示。

由图 2-5 可以看出：首先，学生通过听和阅读的感知方式获取外部的语言信息，这里的语言信息专指与数学学习有关的认知学术语言信息；随后信息进入短时记忆系统，由中央执行系统对信息进行处理，主要包括语言特征的分析（语调、语音、词汇和语法等），继而形成内隐或外显的数学知识，再与长时记忆中存储的相关数学知识发生联结，对输入的语言信息

---

❶ CARROLL J B. Defining Language Comprehension: Some Speculations [J]. Research Memorandum, 1971, 31（3）: 23–55.

❷ 朱正才，范开泰. 语言听力理解能力的认知结构与测试 [J]. 语言教学与研究，2001（3）: 41–46.

进行更深层次的语义理解，这个过程中可以借助原有的经验帮助理解；最后通过提取和概括这些信息达到对输入语言信息的语义理解，如果理解不充分，可以重复反馈加工过程，直到最后全部理解。

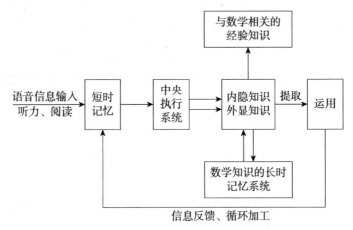

图 2-5　数学认知学术语言理解的信息加工过程

数学认知学术语言理解能力依据两个标准划分为两个种类：基于语言信息内容的划分和基于语言信息理解通道的划分。

1. 基于语言信息内容的划分

从语言信息所表达的内容视角看，依据上文中对数学认知学术语言表征形式的划分，将数学认知学术语言理解能力分为符号语言理解能力、文字语言理解能力和图表语言理解能力。

（1）符号语言理解能力。符号语言指通过特定的数学符号进行数学知识表达的语言。数学符号的应用是形式化表现的重要方式，数学符号是构建数学知识体系，用来进行数学逻辑分析的基础，有研究者将数学符号语言定义为用于表达数学对象之间关系和形式的符号系统。在数学问题解决过程中，对数学符号语言的感知、识别，并将其纳入原有认知结构进行信息加工理解的能力称为符号语言理解能力。我国《义务教育数学课程标准》强调了培养小学生的数学符号意识。数学符号意识是数学符号语言理解的能力之一。王成营认为数学符号意识主要包括数学符号语言的选择能力、认知力、转换力、操作力、预估力和发现力。❶周东明等从心理学的视角结合小学生的年龄、知识结构特点以及思维水平特征认为，数学符号意识主要包括学生对数学符号的感知、认识、记忆和运用四个方面，具体表现为：能够认识常用的数学符号，能够从语义上理解符号所代表的数学信息并加以记忆，能够使用符号描述和表达数量关系，进行符号间的转换，能够从具体问题情境中辨别出符号信息，并用符号去简化和正确表达。❷在这一表述中所涉及的对符号的感知、认识，能够认识常用的符号、从语义上理解符号所代表的数学信息等均属于符号语言理解能力范畴。

符号语言理解能力是《义务教育数学课程标准》中数学符号意识的内容之一，国家通用语言教学中数学符号语言理解能力的培养是有效进行数学问题解决的第一步，只有充分理解了数学符号语言的含义及其所代表的数量关系，才能有效地解决数学问

❶ 王成营．浅谈数学符号意义获得能力及其在问题解决中的培养［J］．课程·教材·教法，2012（11）：74–78.
❷ 周东明，姚相全．何谓小学生的符号感？［J］．人民教育，2010（19）：47–48.

题。此外，对于学生而言，由于数学认知学术语言中符号语言的表达具有形象性的特点，较多符号在不同的语言中表达的方式是相同的，有利于学生的理解、记忆和运用，例如：<、>、=、//、⊥、∠、△的使用具有形象性的特点。因此，相比于其他形式的认知学术语言，符号语言的教学是较为容易的。

（2）文字语言理解能力。在数学中，文字语言主要指数学化了的自然语言，也有学者称其为自然语言中的数学语言。[1] 数学中的文字语言是对自然语言进行加工改造后形成的适用于数学逻辑表达的语言形式。在国家通用语言教学中，文字语言以国家通用语言的形式进行表达。此时，学生的文字语言理解能力主要是对数学文字语言的感知、识别，并将其与原有的认知经验相结合进行意义建构的能力。由于构成数学文字语言的专业术语包括专业词汇、概念、命题等，因此对文字语言的理解首先应该从对专业词汇、概念和命题的认识开始。特别是在数学应用题解决过程中，由于应用题较多地以文字的形式进行表达，对学生文字语言的理解能力要求较高。对学生而言，错误率较高的题型往往是文字呈现较多的应用题，其主要原因是，对数学认知学术语言中文字语言的理解和运用存在困难。

（3）图表语言理解能力。数学认知学术语言中的"图表语言"主要指包含一定数学信息的"图"或"表"，这些图表能够对数学对象和数学关系进行描述。图表语言与其他两种数学认知学术语言相比具有形象性和直观性的特点。对数学图表语

❶ 邵光华，刘明海.数学语言及其教学研究［J］.课程·教材·教法，2005（2）：36–41，35.

言的感知、识别，并将其与原有的认知经验相结合进行意义建构的能力，称为图表语言理解能力。由于图表语言所具有的直观性的特点，学生在学习中较为容易理解。然而，对于图表语言的理解，除了对图表所表示的客体或事物信息的理解，还包括对图形的变化趋势、表格中数字所代表的意义和关系的理解。图表是一种将数量关系直观化的数学认知学术语言。因此，图表语言的理解重点在于对图表信息所表示的数量关系和变化趋势的理解。

2. 基于语言信息理解通道的划分

从语言信息获得的感觉通道进行划分，将数学认知学术语言能力分为听力理解能力和阅读理解能力。

（1）听力理解能力。听力理解能力主要指以"听"的方式对所呈现的数学信息的理解能力。在一般的数学教学中，这种听力理解能力主要包括课堂中对教师教授语言的理解以及对教学媒体中以听觉方式呈现的语言理解。听力理解的语言内容主要包括符号语言和文字语言。由于国家通用语言数学教学的特殊性，在教师讲授数学知识的过程中，较多陌生词汇、概念和命题等从文字构成、语法结构和语义表征上，对于学生而言均是新的认知，这些都是教学目标所要求掌握的。因此，在教学中语言学习目标是课程目标的基础。同样，学生在听力理解过程中也包括两个理解阶段：一是对语言信息的语言学理解阶段，即对语言的语音、语法、语义等信息的理解；二是对这些语言信息所包含的数学意义和数量关系的理解。

从认知心理学的信息加工观点来看，听力理解中语音处理阶段主要是一些低级水平的声音反应在以一种"刺激—反应"的方式活动，这种活动的结果能够激活更高级的认知图式，由此引发第二阶段理解活动的发生。在第二阶段的数学语义信息的理解过程中，被激活的较高水平的认知图式（包括陈述性知识和程序性知识），只有当听力输入的语言信息与这些图式匹配成功后，对数学认知学术语言信息的理解才能发生。❶ 由此，有研究者将听力理解能力分为低级听力理解能力和高级听力理解能力。其中，低级听力理解能力主要包括辨音能力、辨别语调能力、认知语法能力等；高级听力理解能力主要包括关键词汇信息的选择能力、数量关系辨别能力、逻辑推理能力、综合归纳能力等。

（2）阅读理解能力。阅读是学生获取知识和信息的主要方式，也是学习能力的一项基本技能。在数学学习中，除了数量运算和空间关系，对文本信息的阅读理解能力也是数学认知能力的重要方面。❷特别是对于数学应用题的解决，阅读理解能力将直接影响数学应用题的解题效率。

对于数学阅读理解能力的概念分析，需要从数学阅读理解的概念说起。国内学者对数学阅读理解有着不同的概念解释，但整体可以分为两类。一类是从心理学的视角出发，认为数学阅读理解是一种有着诸多认知过程参与的复杂的智力活动。持这一观点的学者主要有：李星云认为，数学阅读理解的心理过

---

❶ 朱正才，范开泰.语言听力理解能力的认知结构与测试［J］.语言教学与研究，2001（3）：41–46.

❷ 孙宝霞.小学数学阅读理解能力的培养策略［J］.基础教育研究，2015（17）：43–44.

程是一个包含语言符号（数学符号、文字语言、图表语言等）的感知、认读和对新的概念的同化和顺应、阅读材料的理解和记忆的完整心理过程；❶郭雅彩、韦力慧在这一定义的基础上进一步认为，数学阅读理解也是一个不断假设、证明、想象、推理的认知过程。❷另一类概念定义是从文化学的角度出发，主要观点认为数学阅读理解是一种数学语言活动和对数学知识的认识过程，也是对数学文化的传递过程。持这一观点的学者有：王晓云认为，数学阅读理解是学生通过自己阅读数学材料从而主动获取数学信息、发展数学思维、学习数学语言的重要途径；❸李丽娜认为，数学阅读理解是学生借助于数学语言了解数学问题和数学史的过程。❹

　　基于本书的理论基础，笔者从心理学的视角对数学认知学术语言的阅读理解能力进行定义：数学阅读理解是一个有多种认知过程参与的、从书面语言中获取数学问题意义的心理过程，这些心理过程包括对数学认知学术语言的感知、记忆和理解，并最终达到顺应和同化的目的。数学阅读理解能力指能够对书面数学认知学术语言进行正确感知、记忆和理解，并达到同化和顺应的能力。这一能力是正确解决数学问题的关键一

❶ 李星云. 数学阅读——开启数学宝库的金钥匙［J］. 云南教育（小学教师），2007（Z2）：29-31.

❷ 郭雅彩. 数学阅读及其教育功能［J］. 陕西师范大学学报（自科版），2002（1）：107-109；韦力慧. 浅谈学生数学阅读能力的培养［J］. 教育理论与实践，2014（29）：58-59.

❸ 王晓云. 数学课的适时"指导"和"总结"［J］. 数学学习与研究，2008（6）：59.

❹ 李丽娜. 加强小学低年级学生数学阅读指导的行动研究［D］. 北京：首都师范大学，2009.

步，也是进一步进行数学思维能力发展的基础。研究者们既然将数学阅读理解能力看作一个心理过程，那么它必然有对应的发生机制。刘宏宏将数学阅读理解的认知过程分为数学阅读识码环节、解码环节和编码环节。这三个环节分别对应了三个阶段，即语言内容的初步感知阶段、还原性理解阶段和创造性理解阶段。❶笔者认为，对应于阅读理解能力而言，这一认知过程中也对应有三个阅读理解能力的子成分，即语言内容初步感知阶段的阅读识码能力、还原性理解阶段的阅读解码能力和创造性理解阶段的阅读编码能力。

（二）数学认知学术语言转译能力

数学中的语言转译能力是一种特殊的认知学术语言能力，主要指学生能够在数学认知学术语言的三种表征形式（文字、符号和图表语言）之间进行转换的能力。因此，三种语言转译能力包括文字语言与符号语言之间的转译能力、文字语言与图表语言之间的转译能力和符号语言与图表语言之间的转译能力。张文超对这三种转译能力分别进行了定义❷，具体分析如下：

1. 文字语言与符号语言之间的转译能力

这种能力主要指数学认知学术语言中文字语言与符号语言之间可以进行互译，具体表现为：学生能够将文字语言描述的

❶ 刘宏宏. 学生数学阅读心理机制及教学策略研究［D］. 临汾：山西师范大学，2014.

❷ 张文超. 小学生数学语言能力发展的教学模型研究［D］. 重庆：西南大学，2017.

信息转化成数学符号语言的意义表达；反过来，学生能够将符号语言的表达转化成文字语言的表达形式。例如：三角形的面积公式为 $S=\frac{1}{2}ah$，这一公式为典型的数学符号语言表达，在教学过程中教师需要以文字语言的形式表述这一个公式的含义，即 S 代表三角形的面积，a 代表三角形的底，h 代表三角形的高，三角形的面积为底乘以高除以二。以文字语言的形式对符号语言进行解释是对符号语言初步认知和理解的基础，以便于将来使用符号语言进行数学问题的解答。数学符号语言的表达是数学语言最本质的表达，因此，在多数情况下学生需要学会文字语言转化为符号语言。

2. 文字语言与图表语言之间的转译能力

这种能力主要指数学认知学术语言中文字语言与图表语言之间可以进行互译，具体表现为：学生能够依据文字语言的描述画出意义相对应的图或表；反过来，学生能够依据图表语言所表示的数学意义用文字语言的形式表达出来。例如：对于低年级的学生以文字形式表达的应用题可以用图表的形式画出关键数量之间的关系，以便于问题的解决。再者，在图表问题解决过程中，学生应该学会以文字语言的形式表达图表所表示的数量关系。

3. 符号语言与图表语言之间的转译能力

这种能力主要指数学认知学术语言中符号语言与图表语言之间可以进行互译，具体表现为：学生能够将符号语言所表示的数学意义以图或表的形式表达出来；反过来，学生能够将图或表的数学意义以符号语言的形式表达出来。在小学阶段这两种语言之间的转换主要涉及几何问题的解决。

（三）数学认知学术语言表达能力

信息加工心理学认为，"语言表达"是语言信息经过中枢的加工后信息输出的过程。数学认知学术语言表达能力指以口语或书面数学认知学术语言的形式将数学问题的解决过程表述出来的能力。❶ 依据语言信息的表达通道，主要分为口语表达和书面表达。数学认知学术语言表达能力主要分为口语表达能力和书面表达能力。其中，口语表达能力主要指以口头报告的方式将数学问题的解决过程表达出来的能力；书面表达能力主要指以书写的方式将数学问题解决过程表达出来的能力。

三、功能构成

数学认知学术语言的功能主要指在数学问题解决中认知学术语言的运用。本书中数学认知学术语言功能主要包括以下五个方面。（1）寻找关键信息。指能够在问题情境中搜寻有利于问题解决的关键信息；这一功能对应到思维技能的"理解"，是发展"问题解决"的重要条件。（2）分类和比较。指能够对问题或问题情境依据某种条件进行分类和比较，区分出相同和不同之处。这一功能对应的思维技能是"对比"（如能够通

---

❶ 张文超 . 小学生数学语言能力发展的教学模型研究［D］. 重庆：西南大学，2017.

过图表的呈现比较信息的差异等），也是"问题解决"的一个方面。（3）推理。主要指能够对问题进行推理、预测并作出假设，属于思维技能的"归纳、推理和结论"。（4）证明。指对问题情境、决策和观点作出推理，属于思维技能的"论证"。（5）问题解决。指定义、呈现并解决问题，属于思维技能的"问题解决"。

综上所述，寻找关键信息、分类和比较、推理、证明和问题解决构成了数学认知学术语言功能的主要方面。这几个功能之间也并不是彼此独立的，在解决一个数学问题的过程中，往往是几个功能的共同使用来完成的。

基于以上分析，数学认知学术语言能力的构成共包括三个维度，即数学认知学术语言能力的技能构成：听、说、读和写；数学认知学术语言能力的内容构成：理解能力、转译能力和表达能力；数学认知学术语言能力的功能构成：寻找关键信息、分类和比较、推理、证明和问题解决。这一构成以结构示意图的形式呈现如图 2-6 所示。在这三个成分中，"内容成分"是数学认知学术语言能力的核心成分，"技能成分"和"功能成分"均与"内容成分"之间存在紧密的关系。"技能"是"内容"实现的途径，"内容"通过"技能"表现出来；"功能"是语言能力发展的高级方式，是数学能力的内涵。基于三者之间关系的分析，本书中所探讨的"数学认知学术语言能力"主要指其中的"内容"成分。

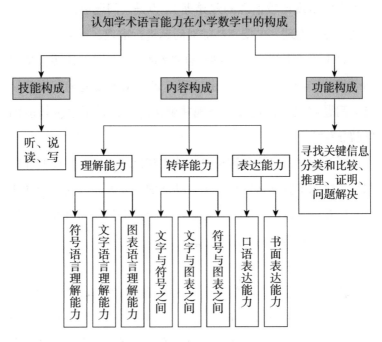

图 2-6　认知学术语言能力在小学数学中的构成

第三章　立论之基：数学认知学术语言能力发展的理论框架

　　"理论"是对自然现象的一系列阐释，以用于解释某一现象何以发生、发展和变化。以数学认知学术语言能力发展为视角的国家通用数学教学，如果有坚实的理论框架为基础，那么教学将会收到事半功倍的效果。本章尝试以相关理论为视角，通过基于理论的分析，构建数学认知学术语言能力发展的理论框架，即从理论上解决如何发展数学认知学术语言能力。在该理论框架的构建过程中，遵循一定的逻辑推理，从发展过程、发展原则，到 BD-CALP 模型的构建。整个理论框架试图解决以下几个问题：

　　（1）在国家通用语言数学教学中，数学认知学术语言能力发展的理论基础或视角是什么？它们对研究主题的教育意蕴是什么？

　　（2）数学认知学术语言能力发展的原则是什么？

　　（3）数学认知学术语言能力发展的基本过程是什么？这一发展过程包括数学认知学术语言习得的心理加工过程、数学知识和认知学术语言能力的整合式发展阶段的分析。对这一发展过程的分析是教学策略的理论基础。

（4）基于认知学术语言能力发展（BD-CALP）的理论模型是什么？这一问题主要在理论视角分析的基础上，构建解决现状问题的理论模型。模型的价值在于如何从理论上提高学生的数学认知学术语言能力和数学成绩，包括模型的内容分析、与其他模型的比较分析和内在优势的分析。对这一问题的分析，是理论走向教学实践的中间环节，有助于一线教师依据理论模型进行具体的教学设计。

第一节　数学认知学术语言能力发展的理论视角

一、语言习得理论：数学认知学术语言习得的语言学基础

（一）语言习得理论的起源与发展

语言习得指在自然或教学条件下，学生无意识或有意识掌握语言的过程。[1] 该理论从语言习得的过程入手，主要探讨语言习得的规律，同时关注学习者的内外部因素及其自身的个体差异。其中外部因素主要指学习者所处的语言环境、语言信息输入情况及其与语言习得之间的相互作用。特别是语言信息的

---

[1] AMMAR A. Understanding Second Language Acquisition（review）[J]. Canadian Modern Language Review, 2009, 66（3）：467-469.

输入与习得之间的关系是该理论的关键之处。❶语言习得理论是有关语言教学的重要理论之一，该理论被广泛应用于通用语言的课堂教学中。麦克多诺（McDonough）认为，通用语言习得的相关理论和模型为通用语言习得研究提供了坚实的理论基础，具体表现在以下三点：（1）该理论解释、预测了某些语言现象和规则；（2）该理论解释、预测了部分语言现象的发生原因；（3）该理论预测了"输出"在语言习得过程中的重要作用。❷

在语言习得理论研究领域，有众多的研究者提出了自己的理论观点，纵观这一理论的发展历史，主要经历了以下发展历程。20世纪90年代之前的语言习得研究被称为"语言习得早期理论"，这一时期的理论主要分为两个阶段，一是前期以行为主义为标志的第一和第二语言习得研究、以结构主义为标志的语言研究；后期在对行为主义和结构主义批判的基础上，实证主义研究兴起，引发了第二阶段的语言习得研究，并产生了众多的理论。特别是克拉申（Krashen）的"监控理论"（Monitor theory）为其他理论的发展提供了基础，因此，对该理论的深入理解有利于其他理论的探讨。20世纪90年代至今的语言习得理论可谓得到了十足的发展，研究者从理论的视角继续丰富语言习得研究。主要理论包括：语言学理论、普遍语法和语言习得、语言习得的功能主义策略－基于概念的导向、基

---

❶ 郭小纯.克拉申第二语言习得监察模式理论综述［J］.桂林师范高等专科学校学报，2008，22（4）：84–87.

❷ MCDONOUGH K. Theories in Second Language Acquisition：An Introduction［J］. Language and Education，2008，22（2）：181–182.

于使用的语言习得研究策略、技能习得理论、成人语言习得的输入加工、陈述性和程序性模型、可加工理论、互动理论、社会文化理论和语言发展、复杂性理论。❶

（二）语言习得理论的主要观点

1. 克拉申"可理解性语言输入"假说的主要观点

克拉申关于可理解性语言输入假说的解释主要包括两个方面的内容。

一是语言输入假说。语言输入主要指语言类的信息通过感知觉进入大脑的过程。克拉申认为，语言输入是语言获得的关键所在，并且这种输入必须是"可理解性的输入"，即对于语言输入者而言，语言材料应该是能够理解的，否则便被视为无效输入，语言的进一步理解也无从产生。学习者在接收到语言信息后，能够理解所呈现的语言信息的意义。克拉申假设这些语言信息对学习者而言要高出其理解的水平（i），这个高出的值假设为1，那么这些语言信息的水平便是"i+1"，这一语言水平略高于学习者现有的水平，习得便在此刻发生了。这个假说中的"i"值是一个粗略的概念，"1"也是一个粗略的范围，在适当的情况下其所涵盖的范围可以适当地调整（见图3-1）。此外，他同时明确提出了语言输入的四个必要条件：可理解的、非语法序列安排的、兴趣相关的、数量充足的。这一概念

---

❶ 刘颂浩. 第二语言习得导论：对外汉语教学视角［M］. 北京：世界图书出版公司，2007：12-17；周帆. 语言输入与第二语言习得研究——评《第二语言习得研究概况》［J］. 当代教育科学，2014（10）：78-79；桑紫宏.《第二语言习得中的理论：导论》评介［J］. 华文教学与研究，2018（1）：8-15.

的提出，为语言分级教学与语言输入之间的关系问题提供了良好的理论框架。克拉申在此基础上演绎出了语言输入教学的可能性推论，具体表现在两个方面：一方面，学习者可以通过接收可理解的语言输入信息来提高其语言能力，特别表现在语言表达方面（口语表达和书面表达），学习者可以通过这种方式自然地提高语言表达能力；另一方面，由于可理解性是语言输入的重要特点，语言能力也是通过"输入—理解—输出"之后才得到提高的，引导者在此时的作用便是向学习者提供大量的可理解性语言输入材料。❶

精确调整的输入

语言表达者

↓

自然顺序： 1 2 3 … i i+1 … 96 97

粗略调整的输入

语言表达者

自然顺序： 1 2 3 … i i+1 … 96 97

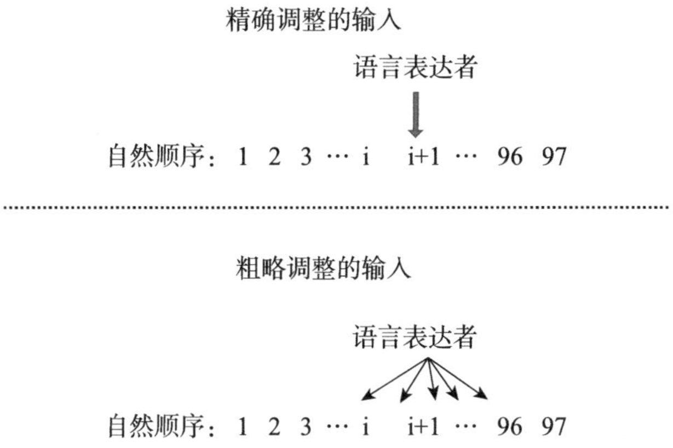

图 3-1 克拉申语言习得理论的核心假设示意图

二是"语言监控"假说。克拉申在该假说中提出了新的概念——"语言监控"（Monitor），国内也有学者将其翻译为"语言监察"。这一假说的主要观点是：语言习得系统是学习者语

---

❶ KRASHEN S D. The "Fundamental Pedagogical Principle" in Second Language Teaching [J]. Studia Linguistica, 2010, 35（1–2）：50–70.

言输出的关键，语法知识在语言加工过程中主要起到了监控和组织的作用。语言知识是否起作用依赖于以下三个条件。（1）在语言使用过程中是否有足够的时间。这是由于语言使用和交流过程中对于语法规则信息的提取需要耗费一定的时间，若时间充裕，则信息成功提取的可能性就大，监控机制起作用的可能性就大；反之，则较难起作用。（2）学习者的注意力是否集中于语言形式。在语言使用和交流过程中，若学习者的注意力只集中于内容而非形式，即便满足条件（1）（有充足的时间），也很难保证监控系统起到作用。（3）学习者是否具有基本的语法概念和知识。这是进行语言正确使用和流畅交流的必要条件，也是学习者进行语言监控作用的前提。从注意资源分配的角度来说，由于"监控"本身需要耗费一定的注意资源，学习者在进行语言表达时注意资源不够用，出现语言表达不流畅的情况。因此，有研究者认为，这种监控的模式对语言交流的影响不是很明显，并从另一个角度证明了习得比学习更为重要。姜倩认为，监控机制是否起作用要视学习者的学习阶段而定，对于刚刚开始入门学习的学习者而言，出现一些简单的错误是可以理解的，重要的在于鼓励学习者大胆、勇敢地表达出来。❶ 对于已经掌握了语言基础而需要继续提高的学习者而言，监控机制便起作用了。学习者要想使语言能力达到熟练的水平，能够进行正确、流畅的表达，便需要自我调整式监控机制的参与。因此，这一观点能更灵活地将克拉申的监控假说用于

---

❶ 姜倩. 关于 Krashen 第二语言习得理论的五个假设及相关思考［J］. 外交学院学报, 2003（1）: 98–102.

现实的教学活动中。

2. 蓝恩（Long）互动假说的主要观点

互动假说的理论观点是在输入假说的基础上提出，并对输入假说作了进一步的发展。该假说认为，可理解性语言信息的输入对于语言学习者是非常重要的。该理论特别强调语言教授者或者教师与语言学习者的互动过程。蓝恩提出了语言的理解性输入对语言习得影响的三个假设：语言语调是影响可理解性输入的影响因素之一；可理解性的语言输入有利于语言习得；推理性的语言有利于语言习得。❶ 同时，该假说还提出语言习得过程中要关注可理解性输入的三个方式：简化性的输入；对语言情境的利用；对话或会话过程中互动结构的调整。

该理论特别强调在语言习得过程中，语言传授者或教师与语言学习者之间的互动关系，语言传授者或教师可以主动地调整语言输入的难度。同时，为了适应学习者原有的语言水平，语言传授者或教师可以对自身输出的语言进行结构和功能的调整。学习者语言的习得往往发生在这种语言的互动过程中。因此，活动有利于语言的习得，互动促进了语言习得过程的发生。蓝恩认为，在这种互动过程中，语言传授者或教师是主导者，能够协调或有效地调整互动过程中出现的问题。此外，语言传授者或教师主导的这一互动过程是即时发生的，当困难出现时可以进行修补，蓝恩将其称为"技巧"（tactics），主要包括自我确认性理解（confirm own comprehension）、解

❶ LONG M H. Native Speaker/Non-native Speaker Conversation and the Negotiation of Comprehensible Input1 [J]. Applied Linguistics，1983，4（2）：126–141.

释请求（request clarification）、理解模棱两可的语言（tolerate ambiguity）。除此之外，其他的互动形式，如重复（repetition）、改述（paraphrases）等方式也有利于语言的习得。其中，有效的互动调整指在语言交流双方对话遇到困难时，语言传授者或教师通过有利于学习者理解的方式进行互动调整，学习者的困难性输入变为可理解性输入。在此过程中，学习者便可将注意力转向新的语言学习材料，随后可将语言材料内化为自己的语言，习得过程便顺利完成了。在这种互动调整过程中，有研究者认为，会话双方协商式的互动调整比简化了的调整更有利于语言的习得。互动过程中，互动调整得越频繁，学习者语言习得就越快；经验丰富的教师在这个过程中表现得更会调整互动结构。❶

互动假说在克拉申输入假说的理论基础上，将语言的可理解性输入的途径进行了操作性的解释，从语言传授者或教师与语言学习者之间的语言互动的角度，提出了有效的语言习得途径。蓝恩在后来的研究中试图对这一假说进行修正，并提出促进语言学习的主要变量是选择性注意对互动环境的选择、学习者原有的语言能力，这两个变量共同作用影响了互动过程的发生。修正后的假说认为，影响语言习得因素需要从外在的环境和内在机制两个方面来进行探讨，心理活动中的"选择性注意"成为互动环境与语言习得之间的中介变量，即互动环境通

❶ SCARCELLA R C, HIGA C. Input, Negotiation, and Age Difference in Second Language Acquisition [J]. Language Learning, 1981, 31（2）: 409–434; OLIVER R. Age Differences in Negotiation and Feedback in Classroom and Pairwork [J]. Language Learning, 2000, 50（1）: 119–151.

过"选择性注意"间接地影响了语言的习得。因此，该假说更加强调可理解性的语言输入、互动环境和学习者内部因素这三者之间的结合。依据这一修正假说的解释，在互动环境与语言习得之间，"注意"成为这两者之间的重要中介变量，只有被学习者的选择性注意"注意"到的信息才可以进入头脑中进行进一步的语言加工直至内化为自身的语言信息。这一修正后的假说提出后，有研究者认为，修正后的研究弥补了原有假说的不足，能够更好地解释语言习得的过程。❶

3. 斯维恩（Swain）输出假说的主要观点

"输入"和"输出"均是信息加工心理学（认知心理学）的专业术语，"输入"是信息加工过程的开始，而"输出"则是信息加工过程的结束，它们分属于两个不同的信息加工阶段。这里的"输出"主要指语言的表达方式，如口语表达和书面表达等。❷ 输出假说中基本的理论假设有：大量的可理解性的语言输入是语言学习者语言习得成功的必要条件。然而，语言的输入仅仅是语言习得成功的条件之一。语言学习者能够获得语言习得成果的条件除了大量的可理解性语言输入外，有效的语言输出也是必需的。仅仅只有语言输入，并不能保证学习者掌握了语言，只有流畅的语言输出（口语或书面表达）才能

❶ PHILP J. Constraints on "Noticing the Gap": Nonnative Speakers' Noticing of Recasts in NS–NNS Interaction [J]. Studies in Second Language Acquisition，2003，25（1）：99–126；郑家平. 汉语学习者重述反馈注意度研究 [J]. 汉语学习，2015（6）：78–88.

❷ 戈尔茨坦. 认知心理学：心智、研究与你的生活 [M]. 3 版. 张明，等译. 北京：中国轻工业出版社，2015：390.

证明语言学习者真正地习得了语言。语言输出过程中，整合已有的语言资源和当前的语言信息，重组将要输出的语言形式，以此确保语言输出的正确性和流畅性。在这样多次的语言输出后，语言学习者方能把语音式的语言信息内化为语义式的语言信息，进而从语言加工的语义阶段进入句法加工阶段。

斯维恩认为，学习者通过语言的输出更好地审查自我语言能力，有意识地注意到语言的形式、语法特征等。[1]同时，学习者在语言输出过程中可以有效地关注语言表达形式所具有的意义，并将意义进行内化，用于自己的观点表达，这也是语言输出或表达的最高境界。因此，语言可理解性输入提高的是学习者的"语言理解能力"，而语言的有效输出提高的是学习者的"语言表达能力"，这两种能力是语言学习必不可少的能力，两种能力同时具备，才能成为真正的语言习得。在缺乏充分的语言输出训练的情况下，学习者的语言表达能力将会发展滞后。由此，该理论对语言输出的三大作用及其具体含义和功能总结为：（1）注意作用，即提高语言学习者对语言形式的注意程度；（2）检验假设作用，即学习者对于语言使用正确与否的检验；（3）元语言作用，即学习者语言表达的自我监控。在此基础上，斯维恩认为，在学习者的语言交流出现困难的时候可以采用三种措施：对困难不予理会，使用已有的经验或知

---

[1] SWAIN M, LAPKIN S. Problems in Output and the Cognitive Processes They Generate：A Step Towards Second Language Learning［J］. Applied Linguistics, 1995, 16（3）：371–391.

识解决困难，关注类似困难的发生。❶ 此后，斯维恩和拉普金（Lapkin）依据大量的实证研究，构建了语言输出与语言习得的模式关系，如图 3-2 所示。在这一模式中，学习者在某种情境下需要使用通用语言进行交流时，产生"输出 1"，此时的语言输出（语言表达）可能并不是很准确，在词汇发音、语法结构等方面可能存在不同的错误，通过学习者内在的反馈和对话者（或教师）外在的反馈可以调整自己错误的语言表达，这些反馈主要通过简单的内省或者深度的思考来实现。在这一过程完成之后，可能产生两种结果：一是修正后的语言输出，即"输出 2"，是学习者对原有语言水平的提升，代表了学习者更高一级的语言水平；二是错误仍然无法改正，于是重新对输入的语言信息进行分析。❷

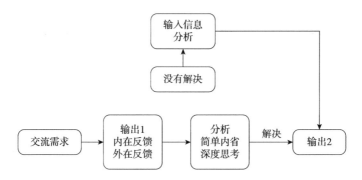

图 3-2 语言输出与语言习得模式关系示意图

---

❶ 转引自：李萍 . 语言输出假设研究二十年：回顾与思考［J］. 外语与外语教学，2006，（7）：60-64.

❷ SWAIN M，LAPKIN S. Problems in Output and the Cognitive Processes They Generate：A Step Towards Second Language Learning［J］. Applied Linguistics，1995，16（3）：371-391.

（三）语言习得理论的教育意蕴

1. "可理解性语言输入"假说的教育意蕴

可理解性语言输入对于学生在国家通用语言条件下的学科知识学习至为重要，教师输出的语言（包括教师自己的语言输出和教学媒体的语言输出）实际是学生所接受的"输入性语言"。由于学生国家通用语言的熟练性存在差异，因此，教师应该在教学设计之前了解和掌握学生现有的国家通用语言水平和已有的学科知识经验，在学生已有的国家通用语言水平和能理解的范围内设计合适的"输入性语言"是教学能够顺利实施的前提。其中"可理解性语言输入"需要教师在课前做大量的工作，这也是基于语言能力发展的学科教学不同于一般教学的重要之处，教师除了掌握学生原有的学科知识经验，国家通用语言在该学科领域内的专业知识该如何表达，特别是以学生"可以理解"的语言方式进行表达，是教师在进行教学设计时除学科目标之外的另一个重要的教学目标——语言目标。

在前文中对数学认知学术语言理解能力进行的概念分析，即在数学教学中，认知学术语言理解能力主要指对数学语言信息的感知、识别，并将数学语言信息与学生已有认知结构中的认知信息同化和顺应，进而获得意义的过程。在数学学习过程中，对认知学术语言的理解过程不仅包括对语言信息的语音、词汇、语调、语法等语言特征的感知和辨别，还包括对语言信息所代表的数学概念、定理、公式等的理解。从认知水平上讲，这两个阶段的理解统一为完整的"语言理解"心理过程，

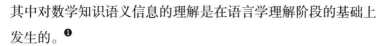

其中对数学知识语义信息的理解是在语言学理解阶段的基础上发生的。❶

萨洛韦（Sulloway）在《天生反叛》中说过这样的一段话：知识的多寡不能作为区分革新思想家与非革新思想家的衡量标准。在比格尔航海中，达尔文的知识远远不如那些将生物进行分类的英国科学家们。然而，专家们却忽视了达尔文的收集所具有的革命性意义。因为，达尔文知道的少，但理解的多。❷可见，"理解"区别于"知道"。然而，在实际教学中，往往将"理解"与"知道"混为一谈，从而导致学生对语义信息的不理解，从而进一步导致知识学习的失败。从语言理解的信息加工过程来看，"知道"和"理解"可能涉及两个不同的加工阶段，"知道"主要是浅层次的信息加工，比如语音、词汇、语调、语法等语言特征的感知和辨别，事实性知识、陈述性知识的掌握等；而"理解"主要涉及更深层次的语义加工过程，包括对语言信息所代表的数学知识的理解、程序性知识的掌握、将数学语言信息与学生已有的认知结构中的认知信息同化和顺应、获得其意义的过程等。

无论是语言本身的获得，还是基于认知学术语言发展的数学知识的学习，都离不开"知道"和"理解"这两个认知获得过程。"知道"和"理解"既可以相互独立，也具有发展的连续性。因此，在基于认知学术语言能力发展的数学教学中，这

---

❶　朱正才，范开泰.语言听力理解能力的认知结构与测试［J］.语言教学与研究，2001（3）：41–46.

❷　转引自：GRANT W，JAY M.追求理解的教学设计［M］.2版.闫寒冰，宋雪莲，赖平，译.上海：华东师范大学出版社，2017：39.

一点也尤其重要。为避免学生对数学知识的掌握仅仅停留在"知道"阶段，需要更为科学的教学策略来实现有效教学。在国家通用语言条件下学科内容的"可理解性语言输入"也是学生认知学术语言能力发展的重要前提。"输入"本身是一个信息加工的术语，一个完整的信息加工过程包括三个重要的环节：信息输入—中枢加工—信息输出。语言的习得或学习也类似于这种信息加工过程，在心理语言学的相关领域中，以信息加工的观点来解释语言习得也得到了众多研究的支持。在这个信息加工过程中，"输入"其实就是外界信息或刺激进入大脑的过程，这个过程主要通过人的感觉（视觉、听觉、触觉、嗅觉和味觉）和知觉（感觉＋经验）来完成的。在信息输入的过程中有"注意"成分的发生，注意具有选择的特性。在克拉申的"可理解性语言输入"中，只有能够被学习者理解的语言信息才能通过选择性的注意进入更高级的中枢分析，否则将被排除在大脑之外。因此，从这一点的分析可以看出，适合于学生语言认知特点的数学课堂教学，必须要有一个合理的教学计划，而这一教学计划中必须包括两个方面：一个是数学知识内容的教学计划，另一个是与数学知识相关的国家通用语言的教学计划。如何使语言教学计划与知识教学计划紧密地结合起来，教师在进行课堂知识讲授时的语言为学生所能理解的"可理解性"语言，是教师在进行教学计划的准备时需要做的重要工作。

综上，克拉申的"可理解性语言输入"的假说，为基于数学认知学术语言能力发展的国家通用语言数学教学，提供了数

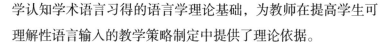

学认知学术语言习得的语言学理论基础，为教师在提高学生可理解性语言输入的教学策略制定中提供了理论依据。

2."互动假说"的教育意蕴

互动假说的特点在于基于语言的可理解性输入，提出语言输入的重要条件——语言传授者或教师与语言学习者之间的语言会话或交流的过程。这一假说也为国家通用语言数学教学提供了语言学的理论支持，特别是教师与学生之间的语言互动是基于数学认知学术语言能力发展的国家通用语言数学教学不可缺少的教学环节。"互动"有利于语言输入理解性的提高，在互动过程中可以依据具体的学习情境、简化输入的语言等不同方式进行语言的输入，进而设法提高学习者对教学语言的理解性。在国家通用语言数学教学中，由于学生掌握国家通用语言的熟练性存在差异，特别是数学认知学术语言的专业性，语言表达和思维方式也存在差异。因此，在教学过程中，教师通过数学认知学术语言的运用，以对话和互动的方式与学生之间进行数学知识的交流，帮助学生完成数学知识的学习。在这个过程中，教师的互动语言技能掌握是进行有效课堂语言互动的前提。依据互动假说的主要观点，教师教学语言的语调把握、语言的适当简化、推理性语言的使用、利用适当的语言情境、会话过程中互动结构的调整等语言互动技能的掌握将有利于课堂语言互动的有效进行。

在国家通用语言数学教学中，互动式课堂结构的建立是进行数学认知学术语言学习的外部环境。教师是互动式课堂中的主导者，可以主动地调整对学生语言输入的难度。同时，为了适应学生原有的国家通用语言水平，教师在教学过程中对自身输出的语言进行结构和功能的调整。学生数学认知学术语言的习得往往发生在这种语言的互动过程中。互动式课堂结构以数学交流、小组讨论等方式进行，互动式的语言对话有利于学生数学认知学术语言的习得，互动促进了数学认知学术语言习得过程的发生。在这种互动过程中，教师以主导者的身份协调或有效地调整互动过程中出现的问题，这一过程体现出教师教学语言的计划性。

3."输出假说"的教育意蕴

"输出"在语言习得理论中主要指语言的表达，包括口语表达和书面表达。在国家通用语言数学教学中，对学生是否掌握数学知识的评价，必然是通过学生的语言输出来完成的。输出方式包括口头测试和纸笔测试，这些测试也能够体现出学生国家通用语言数学知识的口语和书面表达能力。因此，国家通用语言数学认知学术语言表达能力是学生掌握数学知识的必要条件。在现实的国家通用语言数学教学过程中，存在数学认知学术语言表达方面的问题：学生在课堂学习过程中能够理解教师所教授的教学内容，却很难用国家通用语言进行观点的表达。做作业和考试时，较难用书面语言进行正确的表达。依据斯维恩的语言输出假说，在课堂教学和课后的作业中，教师应该为学生提供足够的数学认知学术语言表达训练的机会，这些训练包括口语表达和书面表达。通过数学认知学术语言的表达训练，学生可以利用已有的国家通用语言资源对语言信息和数学知识进行整合，对将要输出的数学认知学术语言形式进行重组，以保证输出语言的正确和流畅。在这样多次的数学认知学术语言输出训练后，学生方能把语音或形式的数学认知学术语言信息内化为自己语义式的语言信息，进而从语言加工的语义阶段进入句法加工阶段，并同时实现对数学知识的理解和内化。

二、信息加工理论：数学认知学术语言习得的心理过程分析

（一）信息加工论的起源与发展

"信息加工"一词源于计算机科学，20世纪60年代认知心理学将计算机处理信息的方式引入心理学。该理论以早期心理学中内省主义、行为主义、格式塔心理学、发生认识论和认知革命为理论基础。其中，米勒（Miller）对短时记忆容量的研究、乔姆斯基对语法转换特点的研究、布鲁纳（Bruner）对思维策略的研究、纽维尔（Newell）和西蒙（Simon）对启发式搜索问题解决的研究等，为信息加工心理学的诞生提供了重要的基础和支撑。❶这一理论用计算机的"输入—加工—输出"的信息加工方式来模拟人的心理过程，以此更清晰地分析和了解具体心理过程的发生。因此，狭义的认知心理学专指信息加工心理学，而信息加工理论是认知心理学的核心理论。自这一观点兴起后，语言心理学家们开始尝试用信息加工的观点来解释

---

❶ 丁锦红，张钦，郭春彦. 认知心理学［M］. 北京：中国人民大学出版社，2010：13.

人类语言习得过程。

（二）信息加工论的主要观点

1. 基本观点

该理论将人的心理过程从低级到高级分为感觉、知觉、记忆、思维和语言，并将人的心理活动与计算机进行类比，将两者看作对符号的逻辑操作，将人的初级信息加工比拟为计算机语言，把人的生理过程、中枢神经系统和脑的活动比拟为计算机硬件的运行。这些心理学过程的发生都循序信息输入、加工和输出的方式；将感知觉类比为计算机的信息输入装置，是人类信息加工的输入设备，人类通过感觉和知觉获取外界信息；将记忆和思维比作计算机的中央处理器，用于处理复杂的心理活动；将语言和行为比作计算机的信息输出设备，用于将心理活动的内容进行外在的表达。此外，认知过程以系列或序列的方式按照某种时间顺序进行，人脑类似于计算机一样对外界信息进行接受、存储、编码、转换、提取和传递的功能。❶

2. 加涅（Gagne）的信息加工学习理论观点

信息加工的观点对学习理论产生了重要的影响，从信息加工的角度看学习的过程，是对学习研究的新视角。加涅在此基础上提出了信息加工理论的学习观，对知识学习的理论研究产

---

❶ 丁锦红，张钦，郭春彦. 认知心理学［M］. 北京：中国人民大学出版社，2010：13.

生了重要的影响。❶ 加涅认为，知识学习的过程可以看作由具体细节过程组成，每一个过程都有其独特的知识组织和加工方式；只有弄清楚了这些具体过程之间的关系，才能真正地理解学习的含义，才能进一步地解决与学习有关的问题，特别是与教学有关的问题。在此基础上，加涅提出了以记忆的信息加工理论为核心的学习结构，来阐明学习的整体过程。加涅将学习过程看作学习信息流，即知识信息从一个心理过程到另一个心理过程。首先，学生通过感受器官从外界环境中获取信息，包括通过视觉、听觉和触觉等从书本、黑板、教师语言和媒体语言中获取的知识信息。其次，这些信息通过感觉登记存储于学生的感觉记忆中，并保留很短暂的时间（大概几百毫秒），这一过程是人脑对知识信息的初级处理过程，这种处理过程具有形象性的特征，只对信息的物理特征进行编码，并没有涉及深层次的语义。随后，通过学生对相关知识信息的注意，选择性地将与学习任务有关的知识信息进行过滤，从而使这部分信息得到更高一级的加工，即从感觉登记进入了短时记忆。然后，通过一定的学习策略，学生在理解知识的基础上对知识进行复述（机械复述或意义复述），使得这些知识信息从短时记忆进入长时记忆。在这个过程中，长时记忆中以往的经验与目前的知识信息相结合，形成新的认知图式，并对其进行更深层次的语义加工，从而使信息转换成概念或语义网络。最后，信息进入

---

❶ 林小琴. 加涅信息加工学习理论与教学设计［J］. 福建论坛（人文社会科学版），2010（S1）：100–101；徐碧波. 信息加工理论与加涅的学习观［J］. 外国教育动态，1988（1）：19–23.

反应发生器，学生作出与任务目的有关的作业行为，这一过程是知识信息被高级加工后的反应过程。此外，在这一学习模式中，执行控制模块和期望模块是高级的中枢加工系统，具有对信息加工进行监控的能力，依据具体的学习情况对信息流形成控制，以便顺应任务的完成。

3. 语言习得中的信息加工理论观点

近年来，以信息加工论的观点解释语言习得过程成为心理语言学的研究热点问题。其中，"信息输入—中枢加工—信息输出"的信息加工过程被语言学家用于比拟语言习得的过程，即语言理解—对语言内容的加工—语言表达。在这三个过程中，语言理解对应于信息输入过程，输入的语言信息首先引起学习者的注意，随后学习者理解上述信息，此时，可理解性的语言输入成为语言习得的必要条件；随后，大脑采用一定的学习策略对输入的语言信息进行组织和处理，目的是使学习者理解语言的深层次含义，形成以目标语为表征的新的认知图式，并通过复述将语义信息从短时记忆存储于长时记忆中；最后，以目标语的形式进行语言表达，也就是信息加工的输出阶段。❶

在这个过程中，认知活动以不同的形式参与语言习得的过程。第一个认知过程是"注意"，注意是心理活动的一种伴随状态，体现为心理活动对一定对象的指向和集中，对目标信息的选择性注意是注意的主要特征。这一特征来源于大脑中枢对信息加工的有限性，即大脑只能选择部分信息进行加工，而舍

---

❶ 熊晓满. 从信息加工论看第二语言习得［J］. 新课程研究（中旬刊），2015（2）：42-44.

弃另一部分信息。❶ 因此，在语言输入的过程中，学习者由于内部中枢加工的限制或外界刺激本身的强度，对语言信息进行选择性的理解。第二个认知过程是"理解"，这里的理解指对语言信息的理解，包括知觉理解和语义理解。从语言信息的组成单位，包括语音、书写、符号等的知觉性理解到语言信息的语义和语法理解，这个过程是一个从浅入深、从表象到语义的过程。在理解过程中，学习者通过已有的知识和经验对输入的语言信息进行加工，利用语义策略将当前的语言信息与长时记忆中的信息建立联系，以便形成新的认知图式。第三个认知过程是"记忆"，记忆是人脑中信息存储的组织结构，包括感觉记忆、短时记忆和长时记忆，在感觉记忆和短时记忆中，语言信息只能进行短暂的知觉性理解，只有将知觉到的语言信息与长时记忆中的经验相结合，才能从语义理解的层面建立新的知识结构体系。❷

（三）信息加工论的教育意蕴

　　语言习得中的信息加工论观点，为国家通用语言数学教学中数学认知学术语言能力的阶段性发展提供了的理论支持。在这一理论的解释下，数学认知学术语言的获得过程可以分为：数学认知学术语言理解—数学认知学术语言加工—数学认知学术语言表达。其对应的认知学术语言能力分别是：数学认知学

❶ 奥尔特加．理解第二语言习得［M］．冯蕾，邵钦瑜，译．北京：中国书籍出版社，2016：88–90．

❷ 吴潜龙．关于第二语言习得过程的认知心理分析［J］．外语教学与研究，2000（4）：290–295．

术语言理解能力、数学认知学术语言转译能力和数学认知学术语言表达能力。现代认知心理学的信息论，从信息加工的观点对语言理解过程进行了分析，结合这一信息加工机制对国家通用语言数学教学中数学认知学术语言的语言理解过程分析如下：首先，学生通过听力和阅读的感知方式获取外部的语言信息，这里的语言信息专指与数学学习有关的数学认知学术语言信息；随后，信息进入短时记忆系统，由中央执行功能对信息进行处理，主要包括语言特征的分析（信息的语调、语音、词汇和语法等），继而形成内隐的或外显的语言知识，再与长时记忆中存储的有关数学的知识经验发生联结，对输入的语言信息进行更深层次的语义理解，这个过程中可以借助于原有的经验帮助理解；最后，通过提取和概括这些信息达到对输入语言信息的语义理解，如果理解不充分，可以重复反馈加工过程，直到最后全部理解。

其具体教育意义体现为以下三个方面。

1. 数学知识的注意

在使用国家通用语言对学生进行数学教学过程中，引起学生对数学知识的注意，是进行数学认知学术语言理解的必要条件。相应的数学知识只有在注意的情况下，才能被进一步地编码，将注意到的知识进行下一步的理解和记忆。注意的产生来自两个方面：一是学生内部的学习动机；二是教师的教学方式。特别是对于国家通用语言熟练性较弱的学生，在对数学知识的注意过程中可能存在把握不住重点的情况。依据注意选择性的特点，教师相应教学策略的使用能够帮助学生更好地将注

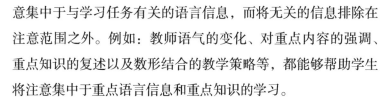

意集中于与学习任务有关的语言信息，而将无关的信息排除在注意范围之外。例如：教师语气的变化、对重点内容的强调、重点知识的复述以及数形结合的教学策略等，都能够帮助学生将注意集中于重点语言信息和重点知识的学习。

2. 数学知识组块的形成

在认知科学中，组块是短时记忆的基本单位。认知心理学的研究发现，人类个体的短时记忆容量是有限的，为5—9个组块。组块是意义的组织，与个体的经验有关，经验越丰富，单个组块所包含的内容就越多。在国家通用语言的数学学习中，学生短时记忆中数学知识组块的容量是数学能力提升的一个重要方面。对于国家通用语言掌握不熟练的学生，由于词语和概念之间建立意义的联系较少，以国家通用语言的形式进行数学知识表征的经验也较少，使得每个数学知识组块中包含的信息量较少，从而难以在大脑中建立以数学概念为基础的数学知识网络。通过一定的教学策略，增加学生的数学知识组块容量，从而增大短时记忆的容量，不仅能够提高学生对数学知识的理解和运用能力，也能提高教师的教学效率。因此，在具体教学策略的实施中，应关注学生如何以国家通用语言的表征形成相应的数学概念组块和命题组块 。

3. 数学知识的提取

"提取"是一个信息加工论的术语，数学知识的提取指将存储于长时记忆中的数学命题以书面或口语的形式进行表达。提取的结果可能有两种：一是提取成功，即正确地表达出相应的数学知识；二是提取失败，即学生无法回忆出学过的知识，表现出知识的遗忘。关于遗忘产生的原因：一种情况是学生对知识的掌握不够熟练，特别是国家通用语言掌握不熟练的学生，知识的学习有可能只停留于表象阶段，这种表象阶段多数只涉及对语言特征的识记，而没有对语言所表达的数学意义进行深入的理解，从而使相应的语言信息只停留于感觉记忆或短时记忆，随后迅速遗忘；另一种情况是学生可能理解了数学知识的意义，但由于不够熟练，这一知识点在记忆中的存储较为薄弱，当知识信息以相同的方式再现时，虽然能够准确地再认，但不能回忆出来。对于这两种情况，教师应关注学生知识遗忘发生的原因，从增加记忆痕迹的角度出发，采用适当的教学策略帮助学生将国家通用语言表征的数学知识，从表象形式过渡到概念形式，通过反复练习加强记忆痕迹，逐渐在长时记忆中形成以国家通用语言形式进行表征的数学命题网络，以便更好地完成数学知识的存储和运用。

三、最近发展区理论：教师脚手架搭建的理论依据

（一）最近发展区理论的起源与发展

最近发展区理论由心理学家维果斯基提出，该理论是社会文化理论和社会建构主义的核心观点。维果斯基认为，在学习者的现实发展水平和潜在发展水平之间存在一个"最近发展区"，现实发展水平指学习者依靠自己的努力能够达到的水平，潜在发展区指学习者在教师的指导和帮助下能够达到的水平，

最近发展区就是这两个水平之间的区域。❶ 最近发展区理论强调教学在个体心理发展中的重要作用，认为个体的心理发展起源于社会，教学应该发生在个体心理发展之前，教师在教学中起到主导作用，教师的作用在于促进学生认知能力的发展。同时，该理论强调合作学习和同伴关系影响学生的心理发展，知识通过个体之间的相互作用进行内化。学习者通过与社会的合作和交互作用，来完成学习与发展，从而逐步将各种知识和技能进行内化。自最近发展区理论提出以来，教育学、心理学和语言学领域的众多研究都从该理论视角出发探讨学生的认知发展和语言习得。

（二）最近发展区理论的主要观点

1. 基本观点

最近发展区理论主要强调社会互动在个体学习和发展中的重要作用，个体通过与社会中他人的互动来获取知识。学习者的认知发展既表现于社会层面，也表现在心理层面，从人际关系内化为个体的知识结构。学习者通过教师或长者的指导，从现有能力水平发展到潜在能力水平，这个过程也可以通过同伴互助或合作学习来完成。维果斯基认为，教学设计应以最近发展区为出发点，为学生提供具有一定挑战性的知识，激发学生学习兴趣，并通过教学策略帮助学生达到下一个能力水平。在整个过程中，教师是学习活动的引领者，而不是简单的知识灌

---

❶ 梁爱民 . 维果斯基"最近发展"理论框架下语言知识构建机制研究［J］. 济南大学学报（社会科学版），2012，22（4）：29–32，91.

输者；学生是主动的知识建构者，而不再是被动的知识接收者。同时，教师还需要了解学生原有的知识水平，并预测学生潜在的知识水平，以便更好地进行教学计划，顺利度过最近发展区。❶

2. 支架式教学思想

"支架"的意思是依据学生的需要，为其提供帮助，在他们的能力达到预期的水平时去掉支架。支架式教学思想主要指教师以"脚手架"的形式，为学生提供构建知识的框架，按照学生的最近发展区进行支架的搭建，不断地将学生的认知能力从一个水平提升到另一个水平，并不断加深学生对知识的理解。❷ 其中，学生知识的建构取决于教师的教学功能，教师以"脚手架"的形式体现这一教学功能。"支架式教学思想"被誉为一种以师生和生生互动方式进行的课堂教学理念，师生之间的关系随着学生的成长而不断变化。学生在教师的帮助下进行知识的学习，逐步构建自己的知识框架、命题网络和发展问题解决能力。在该教学思想中，最近发展区是通过教学来创造的，教师针对学生的最近发展区进行教学设计并实施教学，在学生达到一定的能力后，创造下一个最近发展区，从而不断地提高学生的认知能力。❸

❶ 尹贝 . "最近发展区"在第二语言习得研究中的影响与拓展［J］. 淮南师范学院学报，2016，18（5）：59–63.

❷ 梁爱民 . 维果斯基"最近发展区"理论框架下语言知识构建机制研究［J］. 济南大学学报（社会科学版），2012，22（4）：29–32，91.

❸ 尹贝 . "最近发展区"在第二语言习得研究中的影响与拓展［J］. 淮南师范学院学报，2016，18（5）：59–63.

3. 互动式学习

最近发展区理论中的另一个主要内容就是"互动式学习"。互动式学习又称为"共同式学习"，指在教学过程中，学习者以小群体的方式形成学习小组，以此提高学习效率的一种教学方式。其核心思想是，学习者以共同的学习目标形成学习小组，解决共同的学习问题，学习者之间形成团结互助的关系。合作式学习是课堂教学的一种组织形式，能够培养学生良好的人际关系、合作能力，同时激发学生的思维能力、问题解决能力等。❶

（三）最近发展区理论的教育意蕴

1. 搭建数学认知学术语言能力发展的教学支架

"教学支架"是支架式教学思想中的教学框架，主要由教师在确定学生的最近发展区后进行搭建。在以认知学术语言能力发展为视角的国家通用语言数学教学中，教师对教学支架的搭建需要从两个方面进行考虑：一是学生数学认知学术语言的最近发展区，包括使用国家通用语言进行数学学习时所可能用到的其他教学语言；二是有关数学知识学习的最近发展区。在数学认知学术语言的最近发展区方面，"支架"的主要作用是教师语言输出的"可理解性"，对学生而言，就是"可理解性语言"的输入。克拉申的"可理解性语言输入假说"认为，给

---

❶ 李霞，兰英. 基于社会文化学派理论的第二语言学习观及其述评 [J]. 外语教学理论与实践，2007（2）：54–61；赵玉青，王新辉. 最近发展区理论在自主学习中的应用 [J]. 重庆科技学院学报（社会科学版），2008（9）：191–192.

学生呈现的语言水平应该是"i+1","i"是学生现有的语言水平,"+1"是学生下一步学习可以达到的语言水平,"i+1"就是学生国家通用语言发展的最近发展区。在国家通用语言的数学教学中,教师确定学生国家通用语言的现有水平,是对语言学习中最近发展区确定的前提,在同时了解学生原有数学认知学术语言水平的基础上,以学生可能达到的下一语言水平为数学认知学术语言的最近发展区。在这一教学方式中,教师以脚手架的身份帮助学生在课堂学习中,跨越数学认知学术语言的最近发展区,师生之间以互动的方式完成教学。在数学知识教学方面,依照现有教材的课程标准和教学计划,在每一堂课的具体教学中确定学生的数学知识最近发展区。在国家通用语言的数学教学中,特别需要关注的是学生原有的国家通用语言水平(包括认知学术语言水平和日常生活用语水平)与数学知识水平之间的平衡关系。数学课程教学计划需要依据学生原有国家通用语言水平进行,数学认知学术语言能力的发展带动数学知识的学习,数学知识的学习以数学认知学术语言为载体,任何超越国家通用语言能力的数学知识教学都可能导致国家通用语言数学教学的失败。因此,搭建学生数学认知学术语言能力发展的教学支架,是国家通用语言数学教学的核心问题,这一教学支架的搭建依赖于对学生国家通用语言最近发展区的确定。

2. 促进数学知识的内化:国家通用语言与数学知识最近发展区的有效融合

知识内化是个体将外部学习的知识转化为个体所能理解和

记忆的内部知识的过程。维果斯基认为，知识内化是改造学习者内部心理机能的过程。知识内化源于对知识的理解，在数学知识学习中，对数学概念、数学运算和数学命题进行正确理解，并通过不断的练习，使知识以概念网络的形式存储于长时记忆中，并与经验发生联系，从而完成内化的过程。在以数学认知学术语言能力发展为视角的国家通用语言数学教学中，使用国家通用语言学习的数学知识需要内化为以国家通用语言进行知识表征的知识结构，在这一过程中，语言的表征形式不发生任何变化。这就需要学生熟练地掌握国家通用语言，特别是数学认知学术语言。社会文化理论认为，语言是思维发展的工具，也是认知得以发展的载体。数学知识建构的过程也是数学认知学术语言能力得以发展的过程。在这个过程中，结合学生数学知识和数学认知学术语言的最近发展区，在两者同步发展的过程中，数学知识才能以国家通用语言的形式进行内化。因此，学生在国家通用语言和数学知识两个方面最近发展区的融合是数学知识内化的前提。否则，当数学知识的最近发展区高于国家通用语言发展区时，学生可能听不懂老师讲的内容，长此以往，必将导致教学的失败；而当数学知识的最近发展区低于国家通用语言发展区时，可能会导致学生"吃不饱"的现象。因此，基于最近发展区理论，在国家通用语言数学教学中，国家通用语言的最近发展区与数学知识最近发展区的有效融合，是数学知识进行有效内化的前提。

3.形成互动范式下的课堂组织结构

在以数学认知学术语言能力发展为视角的国家通用语言数

学课堂教学中，互动式的学习是一种有效的发展国家通用语言能力和数学知识水平的课堂组织结构。这种课堂互动主要以小组学习的方式进行，教师以旁观者的身份介入，适时为学生提供帮助。互动学习的方式有利于学生国家通用语言数学认知学术语言能力的发展，主要体现在以下三个方面。首先，为学生提供了更多的数学认知学术语言输出训练的机会。在互动式学习中，学生需要尝试自主解决问题，通过口语表达的方式协商问题解决的方案，在这个过程中，口语表达能力得到锻炼；教师在适当的时候，对学生错误语言表达的纠正或对学生的语言提示，都将有利于学生数学认知学术语言的获得。其次，数学认知学术语言的发展是心理机能由低级到高级的过程，是由外部的、存在于个体之间的语言信息转变为内化的、学习者独有的内部语言的过程。在这个过程中，数学认知学术语言成为数学知识学习的符号工具，也是语言能力在个体互动过程中发展的中介。互动式学习能够更好地帮助学生完成数学认知学术语言的发展，也为这一发展过程的完成提供课堂学习机会。最后，在互动式学习中，学生通过与国家通用语言能力较好的学生进行交流，以及老师的适时帮助，直接或间接地获得数学知识的理解和问题解决的策略，并逐步将这些理解和策略内化为自己的知识结构，并能够独立运用。值得注意的是，在这种课堂组织结构中，不是教师将知识或问题解决策略直接传递给学生，而是以"语言和知识学习的融合式最近发展区"作为中介，帮助学生掌握数学知识、构建国家通用语言表征的数学知识网络、内化数学知识等，强调学生对知识学习的主动性建构。

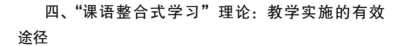

四、"课语整合式学习"理论：教学实施的有效途径

（一）"课语整合式学习"理论的起源与发展

课语整合式学习的全称为"课目与语言整合式学习"（Content and Language Integrated Learning，CLIL），这一学习模式的特点在于以课目知识和语言共通学习的方式代替以往单纯的语言教学，其目的是通过课目知识的学习提高学生的目标语言能力。❶课语整合式学习起源于理论和实践两方面的诉求。理论诉求主要源自20世纪40—80年代研究者对语言本质观念的改变，从结构主义语言观认为，语言是由不同较小的语言单位按照语法规组织起来的结构系统，到后来的功能主义语言观强调语言的功能意义，直到以维果斯基建构主义理论为基础的交互语言观的兴起，强调语言具有交互和动态的性质，是社会互动和人际交往的工具。❷交互语言观是课语整合式学习的理论基础。此外，基于维果斯基的认知发展理论，课语整合式学习更加强调语言与认知的整合式发展，从理论上解决了以往语言教学中单纯的语言能力发展问题。从实践层面讲，课语整合式学习的兴起源于全球化时代下教育实践改革的推动。最早由欧盟提出了课语整合式学习的教育政策，随后这一学习模式由

---

❶ 黄雪萍，左璜．课目与语言整合式学习模式的兴起、课程建构与启示［J］．外国教育研究，2013（11）：39–50.

❷ 裴新宁．社会建构论及其教育意义［J］．全球教育展望，2001，30（10）：20–24.

于目标、实施形式和目标语群体的多样性以及方法灵活性等，迅速得到欧洲诸国语言教学的关注。直至 20 世纪 80 年代，北美一些国家使用类似的教学方式，以内容依托式教学进行通用语的学习也取得了一定的成效。在我国，刘会英、黄甫全将这一教学方式翻译为"课目与语言整合式学习"，简称"课语整合式学习"。❶

（二）课语整合式学习的建构内容

课语整合式学习的特点在于学习内容聚焦于语言和课目内容，即使用另外一种语言进行课目学习的学习方式。❷ 这一学习方式强调在整个教学过程中，语言学习和课目知识的学习同等重要，它们具有共同的课程角色，在教学中相互影响。更值得关注的是，课语整合式的学习并不是语言学习与课目知识学习的简单融合，而是两者之间复杂的"协同效应"。这种协同效应表现为语言与课目知识的整合学习效果大于两者简单相加的效果，类似于心理学中格式塔心理学整体大于部分之和的观点。在具体的教学内容构建过程中，课语整合式学习主要包括知识基础、课程框架、教学实施和教学评价工具四个方面。

1. 知识基础

课语整合式学习的知识基础来源于莫汉（Mohan）提出的行动与理论理解相结合的知识框架。莫汉认为，知识框架能够

---

❶ 刘会英，黄甫全. 开辟外语教学走向文化自觉的新路径——论欧洲新兴课语整合式学习的文化原理 [J]. 比较教育研究，2013, 35（8）：73–77.

❷ 黄甫全，李灵丽. 新兴课语整合式学习的有效实施策略 [J]. 外语界，2015（3）：16–24.

很好地解释课语整合式学习的内容，这一框架可以贯穿于整合学习过程中，将语言学习赋予一定的知识意义。这一知识结构包括两个方面：一是理论知识，涉及分类、原理和评价；二是实践知识，涉及描述、序列和选择。其中对于知识结构的划分将知识与认知技能有效地联系起来，促进学生语言与认知的协调发展。表现为：分类——如何定义和发展新的概念；原理——如何分析、解释和预测数据并得出结论；评价——指引学生作出判断并发表观点；描述——描述事实情况；序列——事件的时间、空间等逻辑分析；选择——问题解决途径和方案的制定。❶ 贝克特（Becket）等对莫汉知识框架下的语言特征进行分析后认为，学习者在构建不同语言话题的同时，需要不同的语言特征与之结合，例如词汇、句型、语篇结构等。不同的知识框架所需要使用的语言也不相同。❷

2. 课程框架

在课语整合式学习中，较为著名的是科伊尔提出的4C课程框架，即内容（Content）、认知（Cognition）、交流（Communication）和文化（Culture）。这一框架的提出为课语整合式学习的课程实施提供了实践和理论的指导，有利于课语整合式学习的学习环境、教学过程和教学评价的进行。❸ 其中，

---

❶ MOHAN S. Content-Based Approaches to Teaching Academic Writing [J]. Tesol Quarterly, 2012, 20（4）: 617-648.

❷ 转引自：黄雪萍，左璜. 课目与语言整合式学习模式的兴起、课程建构与启示 [J]. 外国教育研究，2013（11）: 39-50.

❸ COYLE D. Content and Language Integrated Learning: Towards a Connected Research Agenda for CLIL Pedagogies [J]. International Journal of Bilingual Education & Bilingualism, 2007, 10（5）: 543-562.

内容主要指课目的知识内容或课程主题，认知指思维和学习的过程，交流指语言的运用，文化指不同文化间的交流和理解。

3. 教学实施

课语整合式学习理论中比较流行的是梅耶于 2010 年提出的金字塔式学习模型，该模型为课语整合式学习的教学设计提供了理论基础。❶ 这一框架包括四个部分：主题的选定、媒介的选择（包括学习技能的选择和教师输入脚手架的设计）、任务设计（包括交际技能、认知技能和学生输出脚手架的设计）和作业选编。❷

在该课程实施设计中，第一步是主题的选定，"主题"即要实施该学习过程的项目内容，由教师依据具体的教学计划来选择。第二步是媒介的选择，这里的媒介指的是学生的学习策略和教师的输入脚手架；由于不同的学生智力因素等的差异，需要教师在课前了解学生的具体情况，从而进行学习资源的合理分配；此外，为减少原有的语言能力差异所带来的语言符合，以及由此导致的课目知识学习的认知符合，教师需要选择合适的输入式脚手架，以帮助学生进行有效的语言和课目知识的学习。第三步是任务设计，同时也是课语整合式学习的核心成分。任务设计的目标，一方面要达到依托课目内容进行语言交流的目的，即以不同形式的互动和交流实现课目知识的学习过程，确保学生能够理解语言的意义内容，教师以脚手架输入

❶ 黄甫全，李灵丽. 新兴课语整合式学习的有效实施策略 [J]. 外语界，2015（3）：16-24.

❷ 张诗雅，马少云. 课语整合式学习：融汇语言与文化的民汉双语教育新理念 [J]. 中国民族教育，2018（6）：14-18.

的形式帮助学生完成这一过程；另一方面要能够提升学生的思维能力，在原有认知结构的基础上，通过学习提高认知能力。第四步是作业选编，实质就是教师依据课程内容布置给学生的作业，作业的目的在于通过进一步的练习巩固相应的课目知识和语言内容。❶

4. 教学评价工具

课语整合式学习中的教学评价工具主要是肖特提出的"语言—内容—任务"（Language–Content–Task，LCT），LCT 被研究者视为课语整合式学习的教学评价分析框架（如图 3-3 所示）。❷ 在 LCT 的分析框架中，主要包括三个部分：课目内容、语言和任务。这三部分同时也是教师课堂互动的三个任务成分，三个任务分别对应三种不同的知识成分，即课目知识、语言知识和语言技能、陈序性知识，这三种知识成分也是学生完成学业的三种主体元素。在具体的分析框架中，以圆环表示三种知识，其中，语言环指的是教师所关注的语言使用，涉及诸如发音、词汇、语法、句型等如何使用语言的教学；课目内容环指教师教授给学生的知识内容；任务环包括学生的具体学习策略，例如查找资料、课前预习、课后复习等。三个知识环之间存在交叉，两两交叉后的领域预示不同的意义。课目内容与语言的交叉部分指与学科学习有关的认知学术语言；语言与任务交叉的部分指协助完成任务所需的语言；任务与课目知识交

❶ MEYER O. Towards Quality CLIL: Successful Planning and Teaching Strategies［J］. Pulso: Revista de Education，2010（33）：11–29.

❷ 黄雪萍，左璜. 课目与语言整合式学习模式的兴起、课程建构与启示［J］. 外国教育研究，2013（11）：39–50.

叉的部分指增加知识内容可理解性的任务；三者共同的交叉区域指交互区域，同时涉及语言、课目知识和任务的所有知识。这一分析框架的价值在于帮助研究者进行课语整合式学习的教学评价，以此分析具体的课目知识学习和语言学习情况。

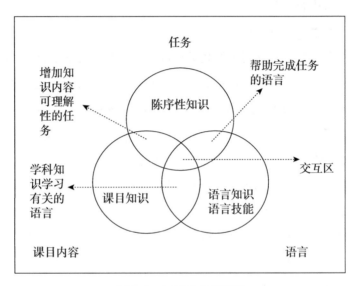

图3-3 LCT的分析框架

资料来源：黄雪萍，左璜.课目与语言整合式学习模式的兴起、课程建构与启示[J].外国教育研究，2013（11）：48.

（三）课语整合式学习的教育意蕴

1.课程框架：认知学术语言能力与数学知识相结合的课程框架

"课语整合式学习"对以数学认知学术语言能力发展为视角的国家通用语言数学教学中课程框架的制定有一定的启发意

义。其中，数学知识为数学认知学术语言内容的构成提供了类别分析的基础，数学认知学术语言可以由此分为与数学知识相关的理论性语言和与数学知识相关的实践性语言。数学认知学术语言能力发展的课程框架可以分为数学知识、数学认知学术语言和互动式课堂交流三个部分。课程实施框架分为课程内容选择、教师脚手架的输入、学生认知交流和输出脚手架、作业四个部分。

2.教学实施：认知学术语言能力与数学知识共同发展的教学设计

以数学认知学术语言能力发展为视角的国家通用语言数学教学中，"语言与知识"相结合式的课程有效实施需要依据于适切的教学设计。根据"课语整合式学习"的教学设计思想，本书中的教学设计从如下四个方面考虑。

（1）"认知学术语言＋数学知识"的教学目标。基于认知学术语言能力发展的国家通用语言数学教学目标包括两个方面：一方面是语言目标，即学生在《义务教育数学课程标准》范围内应该达到的与数学知识相关的国家通用语言认知学术语言能力水平；另一方面是课程内容目标，即《义务教育数学课程标准》中规定的学生应该掌握的数学知识和能力。教学目标的正确制定是进行有效教学的关键环节，目标制定得不合适，将会直接影响后续的教学过程和教学评价的实施。国家通用语言数学教学中对国家通用语言的掌握和数学知识学习要求具有双重标准，教学目标是对实施教学方案后所要达到教学效果的一种预设，因此，在教学目标制定的过程中，教师应充分地掌握学生当前"认知学术语言与数学知识融合式的最近发展区"，只有在学生最近发展区内的教学目标才能有效地提高学生的认知学术语言能力和数学知识水平。具体的语言目标指学生在课堂数学知识学习过程中，对数学认知学术语言的理解能力、转译能力和表达能力的要求。课程内容目标是学生在规定的课堂教学进程中应该掌握的数学知识。课程内容目标由教师依据具体的《义务教育数学课程标准》来制定。

（2）"认知学术语言 + 数学知识"的教学内容。本书的教学内容包括与语言目标相联系的认知学术语言学习内容、与课程目标相联系的数学知识内容。在本书的教学设计中，教学内容方面需要教师重点关注认知学术语言的理解和表达。在教学设计中，教学内容要合理安排，语言学习和内容学习的重点突出、难点清晰，做到语言的学习和知识内容的学习相辅相成。

（3）基于数学认知学术语言能力发展的教学过程。认知学术语言能力的发展应该贯穿于整个教学过程，教师在进行教学过程设计时，应充分考虑每个知识点中数学认知学术语言的使用。在了解学生国家通用语言掌握的情况下，针对具体问题，对具体知识的语言使用进行合理的设计和安排。对学生在使用国家通用语言进行数学问题解决时，进行合理的教学设计。教学过程中，依据具体教学情境，可以选择不同的教学策略，其目的是帮助学生理解和掌握数学认知学术语言和数学知识，提高学生的数学问题解决能力。

（4）"认知学术语言能力 + 数学知识"的教学评价。在基于认知学术语言发展能力发展的国家通用语言数学教学设计

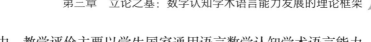

中，教学评价主要以学生国家通用语言数学认知学术语言能力是否提高和数学学业成绩的变化两个方面来衡量。

第二节　数学认知学术语言能力发展的基本原则

一、整合式原则

（一）信息加工过程与语言获得过程的整合式发展

从克拉申的可理解性语言输入假说到蓝恩对该假说的发展——互动假说，再到斯维恩的语言输出假说，可以看出，研究者从语言习得过程的角度对语言习得的机制进行了理论分析。尽管每个假说中都存在不足之处，但三个假说的基本思想却为语言习得研究领域提供了有利的理论支持。在信息加工心理学中，对信息加工的阶段表述为"信息输入—中枢加工—信息输出"。

首先，信息加工过程的信息输入阶段，对应于语言习得的语言理解阶段。克拉申强调语言习得过程中语言输入信息的可理解性，只有可理解的语言信息才能进入更高一级的语言加工。语言的输入通过感知觉发生，从信息加工心理学视角看，就是信息输入的过程。在国家通用语言数学教学中，学生可理解性语言的输入，是进行国家通用语言数学学习的前提，这一输入过程通过教师和教学媒体等教学语言的有效输出，在学

129

生对数学认知学术语言感知的过程中完成。语言信息能否成功地输入，取决于教师在教学设计中对学生原有国家通用语言水平的掌握、语言与数学知识最近发展区的确定。由此，数学认知学术语言的理解既是语言获得过程的开始，也是数学信息输入过程的开始。在克拉申可理解性语言输入假说的基础上，蓝恩修正了克拉申的语言输入假说，认为互动式的语言输入更有利于语言习得，这两个假说均属于信息加工阶段的信息输入过程。输入是通过心理过程中的感知觉来完成，输入的语言信息进入大脑的高级分析，这两个假说并没有阐释对输入到高级阶段的语言信息是如何加工的。高级分析阶段是信息进行加工和处理的关键阶段，只有进行高级分析和加工的语言信息，学习者才可以决定是否进行语言输出。

其次，信息加工过程中的信息加工阶段对应于语言加工阶段，这两个过程均在高级神经中枢完成。那么，学生对国家通用语言信息的中枢处理是如何进行的呢？在对学生进行有关国家通用语言学习的访谈中发现，由于学生对国家通用语言的掌握情况存在差异，在进行内部的语言加工时也存在差异，主要分为以下两种情况：一是，国家通用语言达到熟练水平的学生，在内部的语言加工过程中直接使用国家通用语言进行数学知识的学习和问题解决，思维中以国家通用语言的形式进行数学知识的表征；二是，国家通用语言未达到熟练水平的学生，在内部的语言加工过程中需要进行语言转换。国家通用语言的熟练性决定了学生语言内部加工的方式，而这两种方式也会影响学生在数学知识学习中的效率。针对语言在大脑内部的加工和存储问题，有研究者提出了语言如何在大脑中进行表征的理论："共同存储说"和"单独存储说"。"共同存储说"认为，不同语言在大脑中的表征形式是独立的，但它们有着共同的语义表征系统，即语义表征是共同存贮的。"单独存储说"认为，不同语言的表征形式是独立的，它们的语义表征也是独立的。❶在这两个理论观点的基础上，克罗尔（Kroll）和斯图尔特（Stewart）提出的"修正的层级模型"更好地解释了不同语言的表征问题：不同语言的语义表征是共同表征的；不同语言的形式可以直接进行联结。该模型能够很好地解释语言进行转换时的不对称问题。同时，语言的表征问题依据于学习者语言的熟练性水平而发生变化。

最后，信息加工过程的信息输出阶段对应于语言习得的语言表达阶段。斯维恩在假说中强调了有效的语言输出训练对语言习得的重要作用。在国家通用语言数学教学中，学生数学知识的学习情况通过数学知识的语言表达进行评价。因此，数学认知学术语言表达能力是数学知识学习的关键所在。在现实教学中，经常存在学生理解了数学知识但无法进行国家通用语言的表达，或者会说不会写等现象。通过对数学认知学术语言的输出训练，为学生提供足够的语言表达机会，包括口语训练和书面表达训练，提高学生的数学认知学术语言表达能力，既是语言习得的完成阶段，也是数学知识获得的体现。

---

❶ 金晓兵. 双语表征的神经机制研究综述［J］. 当代外语研究，2012（2）：29-34；雷蕾. 以汉语为母语双语者的双语句法表征和处理研究［M］. 武汉：华中科技大学出版社，2013.

（二）以最近发展区理论为基础的语言与数学认知的整合式发展

在以认知学术语言能力发展为视角的国家通用语言数学教学中，认知学术语言能力的发展和数学认知的发展是相辅相成的。基于最近发展区的理论观点，语言与数学认知融合式最近发展区是这一整合式发展的理论基础。在这一教学过程中，国家通用语言的认知学术语言与数学认知能否整合式发展的关键在于对两者内在认知机制的分析。有关数学学习的脑科学研究发现，数量加工具有领域特异性，不具有语言能力的婴儿和动物，却先天具有识别数量的能力；数量加工具有特异性的脑区，缺失计算能力或数量加工能力的病人，其语言加工能力却保持得较好。❶ 这些结果说明，数量加工能力与语言能力在大脑区域中的位置是分离的。

数学认知能力的发展包括数量加工能力和视空间能力。其中数量加工能力包括非符号数量加工和符号数量加工，非符号数量加工指基于物体的加工，符号数量加工指对数字本身的加工。这两种加工方式也体现出从形象思维向抽象思维的发展。研究发现，这两种数量加工能力都与学生的数学成绩显著相关。有学者认为，在大脑中对数量的表征影响数学学习，对数量的表征与人类先天具有的数量感知能力有关；数字学习的过程，实质是后天的数字符号与先天的数量表征形成联结的过

---

❶ 杨红，王芳，周加仙，等.数学学习的认知与脑机制研究成果对数学教育的启示［J］.教育发展研究，2014（22）：37–43.

程。❶在数学学习过程中，首先，应该符合数学认知发展的规律；其次，在国家通用语言数学教学中，应该考虑国家通用语言中的认知学术语言与数学认知结合发展的规律。在现实教学中，存在机械记忆式教学的情况，这种教学方式以教给学生固定的解决问题程序为目的，反复强化相关解题策略的使用。在这种教学方式下，学生对数学知识的学习以语音表征的语言记忆较多，偶尔会表现出认知学术语言能力提高的迹象，学生也可能会在较短的时间内表现出数学成绩的提高；但从长远看，学生靠记忆和猜测完成任务，无法有效地发展抽象逻辑思维能力和问题解决能力，对知识学习的迁移效果也较差，对数学认知能力的发展将产生不利的影响。本书提倡采用策略教学的方式，让学生逐步形成以数量运算为基础数学认知能力的思维方式，在问题解决过程中，学生倾向于形成视觉表象，采用不同于语音策略的抽象表征；尽管在短期内学生可能表现出运算较慢、国家通用语言能力较弱等现象，但从长远看对学生数学认知的发展将起到有力的促进作用。

语言与不同的数学认知内容之间也存在不同的关系。首先，不同的数学认知能力依赖于语言的程度不同。脑科学的研究发现，估算和精算所激活的大脑区域是不同的，进而有研究者认为，估算能力是个体先天具有的能力，不需要语言的参与就能完成；精算和数数需要将物体的数目与数字建立联系，而数字是一种语言符号，因此，精算需要语言的参与。基于这一

---

❶ 杨红，王芳，周加仙，等.数学学习的认知与脑机制研究成果对数学教育的启示 [J].教育发展研究，2014（22）：37–43.

规律，教师依据不同的教学内容选择合适的语言进行教学。❶

其次，语言对不同形式的计算也有不同的影响，表现为：语言对乘法加工的影响要大于对加减法的影响，这可能是由于乘法计算中需要提取在长时记忆中储存的有关乘法口诀的语言信息，使得乘法计算需要更多语言内容的参与，而加减法运算更多的是数学符号的运算，较少涉及语言内容。这也是为何在低年级阶段学生的数学成绩较为理想的原因。低年级阶段主要以数量计算为主，易于理解的符号语言和图表语言较多，使得数学学习中的困难也较少。随着数学知识抽象程度的增加，所需要的语言解释也会加多，逐渐出现由语言因素引起的学习困难。最后，在具体的教学中，由于数学认知学术语言的专业性，大多数的词汇在生活中出现的词频是较低的。学生在数学学习中，需要将数学符号的语义信息与国家通用语言相关词汇的形和声建立有效的联结，才能进行下一步的数学学习。例如：当数学老师以声音的方式表达数学信息时，学生需要将语音转换为符号，随后对这些符号进行认知操作。此时，教师往往会把这些代表数学意义的符号在黑板上板书出来，以便于学生在音、形和意之间建立联系。❷这体现出数学认知与语言的整合式发展。

综上，在分析了国家通用语言的认知学术语言与数学认知之间的内在关系后，在实际的教学过程中，教师需要结合这一

---

❶ 周加仙.教育神经科学引论［M］.上海：华东师范大学出版社，2009：35–40.

❷ 谭爱平，何晓军.简论数学认知与语言认知差异性及其启示［J］.教学与管理，2012（30）：119–120.

内在机制的分析，确定学生国家通用语言与数学知识整合式发展的最近发展区，这一发展区是语言最近发展区与数学知识最近发展区的结合。教师依据教学内容选择合适的教学语言，在教学中做到语言与数学认知的整合式发展，这也是提高学生数学成绩的理想途径。

（三）认知学术语言能力与数学知识的整合式发展

能力和知识是"四基"（基础知识、基本技能、基本思想和基本活动经验）教学中的两个重要内容。在课程改革中，应当注重知识和能力并重，即注重知识教学的同时，促进能力的发展。数学认知学术语言能力是有关数学专业知识的掌握和语言运用能力，这一能力既是数学知识学习的前提保障，又是数学知识运用的载体，二者之间存在紧密的联系。在实际的课堂教学中，注重两者之间的关系，方能有效促进教学。

在数学教学过程中，数学知识通过数学认知学术语言的形式进行表达，而数学认知学术语言能力则是对数学知识的理解和运用能力。对于学生而言，国家通用语言数学认知学术语言的掌握是进行数学知识学习的保障。因此，教师在课堂教学中，应做到认知学术语言能力与数学知识的同步生成，将语言和知识同时作为教学的主要内容，并依据具体的课程标准设计每堂课的语言教学目标和课程内容教学目标。课程内容指《义务教育数学课程标准》中的课程内容；而语言目标由教师依据具体的情况而提前设定，包括：与当堂课内容相关的认知学术语言理解、转译和表达，以及与认知学术语言理解、表达相关的语法内容等。教师在进行实际的课堂教学时，依据教学设计中的语言目标和课程目标，进行具体课堂教学过程的预设。语言目标与课程目标在课堂教学过程中并无先后之分，课程内容中往往包含语言的内容。因此，教师只需要在正常的课程内容教学的同时，进行适当的语言教学。这里"适当"的意思是，教师需要结合学生国家通用语言的掌握情况，以及对认知学术语言的理解情况进行针对性的语言教学。教学过程中，需要分清重点和主次，对于特定的内容可以实施具体的教学策略，以便在发展学生认知学术语言能力的同时，提高其数学知识水平。

二、阶段式原则

（一）宏观视角：以语言习得为基础的阶段式发展

从语言学习的内在发展过程看，主要包括三个阶段，即语言输入、语言内化和语言输出。这三个发展阶段分别对应于语言习得理论的三个假说，即克拉申的"语言输入假说"、蓝恩的"互动假说"和斯维恩的"语言输出假说"。语言输入既是语言习得或学习的初始阶段，也是语言信息进行加工的初级过程。克拉申认为，语言输入是语言获得的关键所在，这种输入对于学习者而言必须是"可理解性"的；教师所提供的语言信息应该是"i+1"，即高出学生原有的理解水平，才能够更好地学习相应的知识。蓝恩在克拉申的基础上，将语言的可理解性途径进行了操作性定义，从教师与学生之间语言互动的角度出发，强调在互动环境中，学生对有用语言信息的"注意"作用；并认为只有被学生选择性"注意"到的信息才能进入高级加工过程中进行进一步的语言加工直至内化为自身的语言信息。斯维恩在克拉申和蓝恩等观点的基础上进一步认为，语言的理解和内化仅仅是语言学习的部分阶段，要想达到真正的语言获得，必须有足够的语言输出训练，将语言有效地输出（口语或书面的语言表达），才能证明语言学习的真正完成。基于此，语言输入、语言内化和语言输出是语言学习的完整过程，语言输入影响语言内化、语言内化影响语言输出，而语言的输出又影响了语言的输入，三个阶段是一个循环发展的过程。

对于国家通用语言数学认知学术语言能力的发展而言，学生数学认知学术语言的习得也必然经历这样的三个阶段：第一个阶段为数学认知学术语言的发生，对应于语言的输入，在这一阶段中教师的关键作用在于可理解性教学语言的提供，而学生的关键在于基于认知学术语言发展的数学知识的初级掌握；第二阶段为数学认知学术语言的同化，对应于语言的内化阶段，关键在于学生将初步掌握的数学知识与自身原有的经验进行结合，内化为自身的知识；第三阶段为数学认知学术语言的运用，对应于语言的输出，表现为学生能够熟练地运用已掌握的数学知识。

第一阶段：数学认知学术语言的发生。"发生"是与外在数学知识相关的语言信息的输入下引起学生内在注意的过程。依据理论分析，能够引起学生注意的信息应该是"i+1"水平的信息，并与学生原有的内在经验和认知水平相联系。在这种情况下，符合学生认知水平和原有内在经验，需要学生付出一定努力就能够获得的信息即为基于认知学术语言的数学知识。在这个过程中，教师作为基于语言能力发展的知识传授者，输入给学生的信息是否具有"可理解性"成为数学认知学术语言发生的前提。只有具有"可理解性"的语言信息，才能成功输入，进入更高一级的内部加工。在这一阶段的教学过程中，强调教师通过一定的教学策略将国家通用语言与数学知识之间建立联结，即将语言以符号的形式与数学知识之间建立关系，这一关系不仅包括语言学上的关系（语音、书写等），也包括语义的联系（具体含义）。随后，学生通过可理解的语言信息对数学知识进行进一步的学习和内化。因此，数学认知学术语言的发生阶段包括两个内在过程：一是"注意"过程，学生对预设内容的注意；二是"理解"过程，学生对教学语言的理解。

第二阶段：数学认知学术语言的同化。"同化"源于皮亚杰关于儿童认知发展的论述，主要指儿童为了适应环境的变化，将新经验纳入已有的认知结构中。学生在理解相关输入的语言信息后，能够将基于认知学术语言信息的数学知识纳入已有的认知结构中，内化为自己的知识经验，从而发展数学能力。这个过程是国家通用语言与知识协同作用的过程，新的数学知识以国家通用语言的形式进行表征，并与学生原有国家通用语言形式的数学知识相联系，形成新的以国家通用语言进行表征的知识结构，从而逐步内化为自己的知识。这个过程中特别强调信息的表征方式为国家通用语言的形式，以便形成以国家通用语言形式的数学表征。因此，这个过程是国家通用语言

和数学知识内化的交互作用阶段。

第三阶段：数学认知学术语言的运用。语言输出是语言习得的最后一个阶段，数学认知学术语言的运用是数学知识学习的重要环节，表现为使用国家通用语言进行数学知识的运用。这一运用通过具体数学问题解决的形式实现。在教学过程中，通过足够的课堂或课后相关数学知识的练习，学生才能真正地掌握所学的知识内容；也只有通过学生对数学知识的具体表达，教师才能够有效地了解学生对所学知识的掌握情况，促使教师作出下一步的教学计划。因此，数学认知学术语言的运用也是语言能力发展的重要环节。

（二）微观视角：以心理过程为基础的阶段式发展

从认知过程的发生来看，具体每个知识的学习都有其内在的心理加工过程。认知学术语言能力发展视角下的国家通用语言数学学习，包括语言和知识的共同获取。从微观的视角看，语言和知识获取的过程也是信息加工的过程。每一个认知过程都在外部条件的影响下，逐步内化为学习者的内部心理加工。加涅认为，如果教育工作者能够对每一个外部条件都精心地设计，使得教学过程的每一个环节都遵循学习者的心理发展规律，教育者清晰地认识自己在每个过程中的任务，这样的教学才是有效的教学。❶ 在以认知学术语言能力发展为视角的国家通用语言数学教学中，数学知识学习的具体心理过程包括以下

❶ 加涅，布里格斯，皮连生，等. 加涅的学习结果论［J］. 新课程教学，2014（2）：66–70.

四个环节。

1.知觉过程：对与学习内容有关信息的注意

这一知觉过程是相对于学生而言的，主要指学生对教师呈现的数学知识信息的知觉。由于信息加工能力的有限性，学生对教师呈现的教学信息进行选择性的注意。教学的预期在于，学生将注意集中于重点呈现的知识信息。教师常以增强语调、彩色板书或强调的形式吸引学生对重点内容的关注。但对于部分学生而言，在国家通用语言的数学教学中，陌生的词汇、概念、包含复杂语法的句式等，会影响学生对重点知识信息的注意，成为影响注意的干扰信息，并耗费大量的注意资源。学生此时会过多地将注意集中于陌生词汇和复杂语法句式的理解，偏离了对重点知识信息的注意，从而导致教学初期的教学失败。基于此，教师应该针对知觉过程中选择性注意的加工特点，以及学生原有的国家通用语言水平，设计合适的、符合学生国家通用语言最近发展区的教学语言，以呈现重点知识内容为目的进行教学语言的组织，避免出现增加学生语言负荷的信息，以保障知觉过程的顺利完成。此外，在知觉过程中，由于知觉本身的特点，学生对教师呈现知识内容的加工主要停留于语言信息的表面特征，例如，词汇的发音、词汇的结构、句子语法的知觉等，而进一步的加工需要下一个心理过程。

2.工作记忆过程：与长时记忆中的信息互通以完成对学习内容的理解

从心理过程的发生来看，在知觉过程中被注意到的信息可以进入工作记忆进行更深入的加工。工作记忆是心理活动对信息进行加工和处理的信息加工器，也是对加工后的信息进行暂时存储的存储器。进入工作记忆的知识信息需要与长时记忆中的经验进行信息的互通，以便完成对新学习内容的理解。如果理解失败，在长时记忆中无法搜寻到相关的解释信息，信息又重新回到工作记忆中。此时，教师需要再次呈现用以解释这一知识内容的新信息，帮助学生顺利完成知识的理解过程。因此，在这一过程中，信息在工作记忆和长时记忆之间不停地转换，以便于新知识的理解。基于此，教师在这一环节的教学设计中，教学语言应当符合学生以往的知识经验，有利于学生使用经验来帮助理解当前学习的新知识。譬如，教师在举例时不要以学生陌生的事物或事件为例，而要符合学生群体的过去经验，以便于学生对新知识的理解。

3. 语义编码过程：长时记忆中数学知识语义网络的形成

知识信息在经过理解之后，以语义编码的方式储存于学习者的长时记忆中，存在知识结构的信息以语义网络的形式进行存储。在国家通用语言教学中，由于教学和学习语言均为国家通用语言，学生在长时记忆中存储了以国家通用语言为语言表征形式的语义信息。这里特别需要关注的是部分原本国家通用语言掌握不熟练的学生，在长时记忆中存储新学习的数学知识信息由于语义之间联结的紧密性不够强，极易出现遗忘或信息提取的失败。针对这部分学生，教师需要采用教学策略加强这部分学生对知识的理解和巩固。语义编码过程是新的数学知识以国家通用语言的形式与原有经验相互联系和作用，以形成新的语义结构的过程。

4. 反应过程：知识的运用以强化知识存储

学习者能够在同样的学习条件下，将所学的知识从长时记忆中提取出来，并用于解决当前的问题，才能说明真正地掌握了该知识。在教学中，教师往往以练习的形式来强化学生对知识的理解和应用。在实际教学中，不同的练习作业成为强化和提高学生数学认知学术语言表达能力的重要方式。练习作业需要同时关注学生数学认知学术语言的表达能力和数学问题解决能力，教师应对作业中的提高予以及时的奖励，对作业中的错误予以及时的反馈。

第三节　数学认知学术语言能力发展的基本过程

在以数学认知学术语言能力发展为视角的国家通用语言数学教学中，认知学术语言能力的发展与数学知识的掌握之间存在紧密的关系，认知学术语言是数学知识的载体，对数学知识的掌握和运用是数学认知学术语言能力的体现。数学认知学术语言能力的发展过程，是认知学术语言能力与数学知识整合发展的过程，这一过程不是一蹴而就的。就单纯的语言能力而言，语言能力的构建过程是一个新信息与个体原有经验交互作用的过程。个体通过感知觉、记忆等基本的心理过程将新的信息与原有经验进行加工，组织成一定的认知结构并存贮于长时记忆中，形成一定的范畴原型。[1] 数学认知学术语言能力的发展，既包括国家通用语言的获得过程，也包括与数学知识结合的认知学术语言能力的发展过程。

一、基于语言习得的发展过程

在上文的数学认知学术语言习得的阶段式原则中提到，数学认知学术语言习得包括三个阶段，即语言理解—语言加工—语言表达。这三个阶段也是数学认知学术语言习得的三个基本过程，以下结合具体的教学对这三个过程进行分析。

（一）数学认知学术语言的可理解性输入

对语言的理解是进行语言加工的初级阶段，只有被学生理解了的语言，才能进入大脑进行进一步的加工。基于克拉申的理论，可理解性的语言输入是学生能够顺利进行语言理解的关键。在国家通用语言数学教学中，数学认知学术语言的可理解性具体指，对于学生而言，教师或教学媒体输出的有关数学知识的语言是可以理解的，只有在理解的基础上，学生才能进一步地学习更高一级的数学知识。[2] 克拉申特别强调，教师输出的语言信息对于学生而言要高出其理解水平，即"i+1"水平，才能逐步实现学生语言认知的提高。然而，在他的理论中这一

---

❶ 王晶 . 解析言语能力发展的建构过程［J］. 外语学刊，2011（3）：88–91.

❷ 宋孔尧 . 实践中的 Krashen 输入假说和 Swain 输出假说：设计"i＋1"教学技巧［J］. 外语教学理论与实践，1994（1）：26–28.

水平仅仅指语言水平。在国家通用语言数学教学中，教师输出的语言信息是以国家通用语言为载体的数学知识信息。因此，这一"i+1"既包括语言水平也包括数学知识水平，即数学认知学术语言能力的"i+1"。其中，"1"的范畴是一个粗略的概念，需要教师结合学生的国家通用语言最近发展区和数学知识的最近发展区，来确定"1"的范围。在以数学认知学术语言能力发展为视角的国家通用语言数学教学中，教学的重点在于给学生提供最佳的语言输入信息，这些信息对于学生而言一定是可理解的，并且处于"i+1"范畴内。由此，学生通过接收可理解性的国家通用语言学习相应的数学知识的同时，提高自身国家通用语言的认知学术语言水平。

从教学设计上讲，"理解"本身属于教学目标的一个维度，即理解是将知识联系起来，从而弄清楚事物的含义（如果没有理解，只会看到含糊的、孤立的或无用的事实）。布鲁姆在目标分类法中曾指出，理解的核心是表现性能力。❶ 在教学设计中"理解……"往往是一个教学目标，而在国家通用语言数学教学中，"理解"是教学设计实施的前提。学生正是基于这种具有"可理解性"的语言材料，才能达到对数学知识的进一步掌握。"理解"从某种程度上意味着能够在实际的任务和环境中有效地进行迁移、有效地运用知识和技能。"可理解"是"理解了"的前提，"理解了"是"可理解"学习后的目标。因此，对实际教学设计中"可理解性的语言输入"进行操作性的

---

❶ 转引自：GRANT W，JAY M. 追求理解的教学设计［M］. 2 版 . 闫寒冰，宋雪莲，赖平，译 . 上海：华东师范大学出版社，2017：7-8.

定义是以数学认知学术语言能力发展为视角的教学设计的重要环节。

此外，"可理解"的实现途径也是进行教学设计的环节之一。克拉申在理论中认为，丰富的外界环境可以帮助语言学习者实现习得语言的途径。在国家通用语言数学教学中，教师可以依据外界环境中的信息帮助学生进行语言的理解，具体包括：当学生处于资源较为欠缺的环境时，教师可以提供简化的语言输入或者情境中可利用的信息来帮助学生进行数学学习。可利用的情境信息主要指语言之外的一些信息，例如：学生原有的语言知识和自身具有的关于数学的知识等。❶亚当（Adam）等也认为，在学习者的学习情境中有较为丰富的信息时，学习者能够更好地理解语言输入的信息。❷因此，在实际教学过程中，当学生的国家通用语言水平较低时，可以尝试增加情境有用信息以帮助学生提高语言学习的效率和语言输入的理解性。具体而言将"输入性语言"进行简化，可以提高学习者理解语言的效率。具体简化的方法包括减慢语言表达的速度、降低句法的复杂度、对于必要的语句或词语进行重复表述等。早期的实证研究，例如乔庄（Chaudron）的研究中通过控制语速，将语速从200w/pm降低到130w/pm，学习者的听力分数明显提

---

❶ 蒋荣.基于社会文化理论的互动与第二语言学习者词汇习得效应的研究［D］.北京：北京语言大学，2009：7-9.

❷ ADAM P, VOGEL, SUSAN, et al. Feasibility of Automated Speech Sample Collection with Stuttering Children Using Interactive Voice Response (IVR) Technology［J］.International Journal of Speech–Language Pathology, 2015,17（2）:115–120.

高；❶蓝恩也通过调整型的语言输入研究发现，降低句法复杂度和重复能够提高学生的理解性。❷后来的研究者通过比较调整了的输入性语言和没有调整的输入性语言，结果发现，对于简化了的语言输入信息是无效的，只有在活动中通过双向交流和及时调整的语言输入才有效。❸因此，基于这些理论和实证研究的支持，在国家通用语言的数学教学中，采用适当的教学策略，以教师输入型脚手架的方式实现语言的"可理解性"，是进行可理解性语言输入的必要条件，也是进行有效教学设计的重要内容之一。

（二）数学认知学术语言的内部加工

数学认知学术语言的内部加工是对语言输入后的数学知识进行内部加工的过程。从知识学习的角度看，这一过程实际是以国家通用语言的形式进行数学知识构建的过程。数学知识的学习过程可以看作是学生关于数学的认知发生改变的过程，依据皮亚杰对认知过程的认识，将认知发展表现为同化和顺应两个过程。其中，同化指外在信息适应个体内在心理结构的过程；顺应指认知结构的改变以适应外界信息；儿童通过同化和

❶ CHAUDRON C. Second Language Classrooms (Research on Teaching and Learning) [J]. Learning Outcomes, 1988（6）：154–179.

❷ LONG, M. Native Speaker/Non–speaker Conversation and the Negotiation of Comprehensible Input [J]. Applied Linguistics, 1983, 4（2）：126–141.

❸ AMMAR A. Understanding Second Language Acquisition（review）[J]. Canadian Modern Language Review, 2009, 66（3）：467–469.

顺应两种方式达到与外界环境的平衡。❶在国家通用语言数学教学过程中，学生数学知识的构建从本质上也是一个认知不断同化和顺应的过程。当新的数学知识出现时，学生需要适应以新的语言形式进行表征的数学知识，表现为同化过程；同时，学生需要将新语言形式的数学知识纳入已有的知识经验中，形成新的认知结构，以适应知识结构的变化。在这个过程中逐步形成以国家通用语言为语言表征形式的数学知识构建。

这一内部的语言加工过程，是在心理结构的记忆和思维系统中完成的。长时记忆中存贮大量的原有语言和知识经验，对于现有数学知识的学习需要在工作记忆中完成，工作记忆对新知识的加工，依赖于与长时记忆中以往知识经验的交互作用，同时新的知识信息在加工完后，暂时存储于工作记忆中。随后，通过作业和练习的形式将新的数学知识存储于长时记忆中。在这个过程中，以国家通用语言形式进行问题解决的思维方式逐步形成。

此外，从语言学的角度看，互动式的课堂结构更有利于语言的获得。课堂互动过程中语言传授者或教师是互动过程的主导者，能够协调或有效地调整互动过程中出现的问题。这一过程体现出语言传授者或教师语言的计划性，尽可能避免交流困难的发生。只有在互动式的语言交流过程中，教师才能有效地了解学生对知识的掌握情况。在国家通用语言数学教学中，特

---

❶ 石向实.论发生认识论的同化和顺应概念［J］.内蒙古社会科学（文史哲版），1996（3）：19–23；冯回祥.运用同化与顺应理论 提高学生认知水平［J］.新课程研究（上旬刊），2014（8）：117–118.

别强调互动式的课堂结构，主要通过数学交流和小组讨论等方式来实现。在教师与学生、学生与学生之间的互动过程中，教师充分调动学生解决问题的积极性，从而促进学生对数学知识的内部加工，完成数学认知学术语言的同化和顺应过程。在互动过程中，教师可以清楚地了解学生语言理解的情况和数学知识掌握的情况，依据具体的情况，进行下一步教学计划的调整。

（三）数学认知学术语言的表达

从信息加工的基本过程看，语言的表达实际上是语言输出的过程，在经过可理解性语言输入、语言的中枢加工之后，通过书面或口语的方式将语言内容表达出来的过程，也是语言获得的最后一个过程。斯维恩认为，大量可理解性的语言输入是语言学习者语言习得成功的必要条件，却不是充分条件。只有流畅的语言输出（口语或书面表达）才能证明语言学习者真正地习得了语言。语言输出过程中，学习者利用已有的语言资源对语言信息进行整合，对将要输出的语言形式进行重组，以保证输出语言的正确和流畅。在这样多次的语言输出后，语言学习者方能把语音或形式的语言信息内化为自己语义式的语言信息，进而从语言加工的语义阶段进入句法加工阶段。

在以数学认知学术语言能力发展为视角的国家通用语言数学教学中，数学认知学术语言的表达训练，是了解和强化学生数学知识掌握情况的有效途径。通过书面或口语的语言表达，教师可以充分地了解学生掌握数学知识的情况；通过大量的口语和书面的表达训练，可以充分地巩固所学的知识。学生在使用国家通用语言进行数学知识表达的过程中，为了保证输出的正确性，会不断地对内部语言形式进行重组，在表达失败或错误的情况下，教师发挥输出型脚手架的作用，帮助学生进行正确的语言表达和数学知识的运用。

二、基于能力获得的发展过程

（一）发生阶段：数学认知学术语言能力的发生

上文中提到，"发生"是在与外在数学知识相关的语言信息的输入下引起学生内在注意的过程。在数学认知学术语言能力的发生阶段，强调学生对与数学知识相关的语言运用能力的产生。在这一阶段，学生的数学认知学术语言能力的标准是能够产生对简单数学知识的语言理解能力、语言转译能力和语言表达能力。在实际教学中发现，学生的数学认知学术语言理解能力较差，主要体现在对陌生词汇和复杂语言句式的理解上。从语言能力发展的过程看，词汇是构成句子的基本单位，对词汇的不理解直接导致对句子的整体不理解。词汇所代表的概念和意义是语义的基础，掌握词义就是赋予语言符号一定的意义。❶特别是对数学概念的理解中，概念往往以词汇的形式进行表征，在对词汇听、读的基础上，理解词汇所表征概念的内涵，是进行数学认知学术语言能力发展的第一步。由于在小学

---

❶ 王晶.解析言语能力发展的建构过程［J］.外语学刊，2011（3）：88-91.

阶段的数学学习中，数与代数、图形与几何是数学学习的主要内容，从思维发展的过程上讲，数学思维是由具体形象思维向抽象逻辑思维发展的过程。因此，在数与代数、图形与几何相关的概念学习中，借助实物帮助学生形成与数和数量相关的表象，是实现概念学习的有效途径。

此外，转译能力发生的关键在于，建立符号语言与文字语言之间的语义联结、建立图表语言与文字语言之间的语义联结。其目的是，学生能够在认知结构中建立以国家通用语言形式进行数学符号表征的系统。在数学认知学术语言表达能力方面，依据语言能力发展的特性，强调口语表达能力发展在先、书面表达能力发展在后的认知规律。在小学的低年级阶段，着重发展学生数学认知学术语言的口语表达能力。因此，在理解概念的基础上，强调发展学生以国家通用语言的形式进行相关知识的口语表达，如对数、公式、符号、运算过程、结果呈现等以国家通用语言的形式进行口语训练，鼓励学生正确地说出相关知识，在概念理解的基础上，强调其发音的准确性。同时，在书面表达能力方面，由于低年级阶段主要是数量运算，涉及的文字语言较少，在理解运算规则、掌握运算能力的基础上，加强学生对数学符号的书面表达训练。

（二）完善阶段：数学认知学术语言能力的完善

在发生阶段的基础上，学生数学认知学术语言能力的进一步发展，就是完善基于国家通用语言表征形式的数学认知结构。从语言能力的发展过程看，这一阶段主要涉及由词到句子形成的认知过程。❶句子的形成需要一定的语法规则，对语法规则的掌握是理解句子的前提。在数学认知学术语言能力发展的早期阶段，学生用简单的动词、连词等构成简单语句进行数学知识的表达，但较难进行更为复杂句式的理解和表达。例如：当句子中出现"总共""谁比谁多""谁比谁少""如果……那么……"等类似的语句时，学生容易产生混淆。此时，学生原有的知识经验无法对复杂句式进行解释，需要教师帮助学生完成这一新认知图示的构建。这也就是皮亚杰提出的同化和顺应的过程。这里的"同化"表现为，利用已有的国家通用语言形式表征的数学认知结构，对新的数学知识进行加工和改造，并将其纳入原有结构；"顺应"指当原有的国家通用语言形式表征的数学认知结构不能够接收新的学习内容时，需要对原有的数学认知结构进行调整，以适应新知识学习的需要。❷语言学的研究发现，新的语言信息出现的频率是影响新认知图示建立的关键。因此，通过不断的练习和强化，学生在头脑中才能不断完善新数学认知图示的构建。这一过程的完成，也是基于数学认知结构的活动模式，因此，能够形成以国家通用语言形式表征的数学认知结构是这一阶段的主要任务。

在数学认知学术语言的转译能力方面，加强符号／文字语言、图表／文字语言之间的语义联结是这一阶段的主要任务。联结的建立需要不断的练习加以强化，因此适当的课堂练习和

---

❶　王晶.解析言语能力发展的建构过程［J］.外语学刊，2011（3）：88–91.

❷　李吉宝，史可富.数学认知结构的特征与数学学习过程研究［J］.数学教育学报，2005（3）：80–82.

作业是这一过程完成的保障。依据语言发展的规律，儿童在口语习得之后，逐渐由外部语言向内部语言内化。因此，对于数学认知学术语言的表达能力，这一阶段强调逐步由口语表达能力向书面表达能力过渡。在学生理解运算规则、掌握运算能力的基础上，强调学生对以文字为基础的数学问题解决的书面表达训练，学生掌握基本数学认知学术语言的书写能力。此外，数学认知学术语言能力的完善，还表现为对数学问题的分析、综合和解决能力。这些能力的完善，建立在以国家通用语言形式进行表征的数学认知结构形成的基础上。

（三）提升阶段：数学认知学术语言能力的提升

在完善的基础上，数学认知学术语言能力的提升，表现为以国家通用语言形式进行表征的数学认知结构的形成。学生能够使用国家通用语言顺利地进行数学问题的解决，包括能够较好地进行数学认知学术语言的理解、转译和表达。这一过程是在概念意义构建、语法规则掌握的基础上，对已有数学认知结构的完善，同时也是国家通用语言能力和数学知识水平共同发展的结果。从数学认知学术语言的功能来看，能力提升的阶段也是功能完善的阶段，包括：能够使用国家通用语言在数学问题解决中正确地寻找关键信息，对问题进行分类、分析、推理和证明。在数学认知学术语言表达能力方面，体现为口语和书面表达能力中更好的严谨性、精确性、抽象性和简练性，能够更为完整地表述问题解决的过程，更清晰地进行数学认知学术语言的表达，更准确地进行数学运算和问题理解，更合理地使

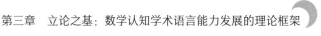

用数学认知学术语言等。

第四节 基于认知学术语言能力发展的 理论模型

基于认知学术语言能力发展（Based on the Development of Cognitive Academic Language Proficiency，BD-CALP）的理论模型是基于最近发展区理论、"课语整合式"教学和语言习得理论等观点的分析与讨论的基础上构建的。该理论模型主要包括"语言与知识整合式最近发展区"、"语言与知识整合式"教学设计、"可理解性语言输入—语言输出训练"的教学策略和互动式课堂结构四个部分。该模型呈现出以"语言与知识整合式"最近发展区为出发点、"语言与知识整合式"教学设计为主线，通过教师的"可理解性语言输入"脚手架策略和学生的"语言输出"脚手架策略，在互动式课堂中逐步实现学生国家通用语言中数学认知学术语言能力的发展，以到达提高其数学成绩的教学目的。以下从三个层次对 BD-CALP 模型进行系统分析。

一、BD-CALP 模型的结构及原理

基于认知学术语言能力发展的国家通用语言数学教学是一

个包含"语言与数学知识"共同发展的教学模式,这一教学模式的主要目的是在提高学生国家通用语言的数学认知学术语言能力的同时,提高其数学认知能力和数学成绩。BD-CALP 的理论模型阐述了这一教学模式的理论框架,基于前述几节的分析和讨论,BD-CALP 模型被用以表征如何通过"语言与知识整合式"发展的教学来提高学生的数学认知学术语言能力和数学成绩。这一模型的示意图如图 3-4 所示。

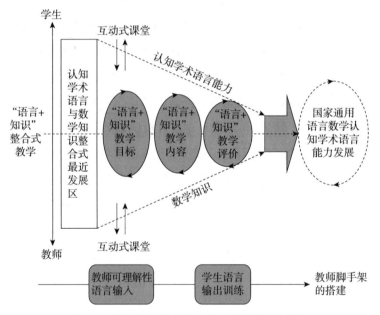

图 3-4　基于认知学术语言能力发展的理论模型

BD-CALP 模型主要包括"认知学术语言与数学知识"整合式最近发展区、"语言与知识整合式"教学设计、互动式课堂和教师脚手架策略四个结构。四个结构又分别包括具体的成分和内容，四个结构之间也存在着复杂的交互作用。在这四个结构中，"语言与知识整合式"教学设计是这一理论模型的主线和核心，这一教学设计包括"语言与知识整合式"教学目标、"语言与知识整合式"教学内容和"语言与知识整合式"教学评价三个部分。教学设计的完成基于一定的学情分析，这一学情分析来源于对学生"认知学术语言与数学知识"整合式最近发展区的确定。因此，语言与知识整合式最近发展区的确定是教学计划实施的起点。基于认知学术语言能力发展的国家通用语言数学教学实施环境为互动式课堂，通过教师的脚手架策略完成这一教学过程。脚手架策略的设计，一方面基于"语言与知识整合式"最近发展区的确定，另一方面基于语言习得过程的分析，从教师"可理解性语言输入"脚手架的搭建到学生"语言输出训练"脚手架的搭建，逐步实现学生数学认知学术语言能力的发展。BD-CALP 模型更加强调遵循学生的国家通用语言与数学认知最近发展区，从语言能力发展的视角采用减少语言负荷的脚手架策略，帮助学生在有较少语言阻碍的情况下获取数学知识。

二、BD-CALP 模型的内容分析

（一）基于 BD-CALP 模型的课程框架

在以数学认知学术语言能力发展为视角的国家通用语言数学教学中，教学框架包括三个要素，分别是数学知识、数学认知学术语言和互动式课堂交流。

1. 主体内容：数学知识

这里的数学知识指教育部颁发的《义务教育数学课程标准》所要求的1—6年级需要掌握的课程内容，主要包括数与代数、图形与几何、统计与概率、综合与实践四个部分，每个部分都有具体的课程目标。由于在小学阶段主要以数与代数、图形与几何为主，本书中对数学知识的教学设计也主要从这两个方面进行探讨。数与代数部分的内容主线是：从数及数的运算到代数式及其运算；在数的认识中，理解从数量抽象出数；在数的运算中，包括整数、小数、分数的四则运算。这一阶段中以数的运算为主，也涉及正反比例的初步学习。图形与几何的内容主线是：以发展学生的空间观念、几何直观为核心，包括空间和平面基本图形的认识、图形的性质、分类和度量。

2. 知识载体：数学认知学术语言

这里的认知学术语言指以国家通用语言的形式进行数学问题解决所需的语言，特别强调以国家通用语言的形式进行的数、概念及问题表征。第二章已经对这一概念进行了结构性分析，主要包括文字语言、图表语言和符号语言。在本书的教学框架中，数学认知学术语言是数学知识的载体，对数学知识的理解和运用、问题解决能力均表现为数学认知学术语言能力。

3. 外部环境：互动式课堂交流

互动式课堂是教学得以实施的外部环境，在以数学认知学术语言能力发展为视角的国家通用语言数学教学中，强调以国家通用语言进行的课堂互动，包括小组讨论、师生之间的交流、生生之间的交流等，倡导以互动的方式在语言交流过程中

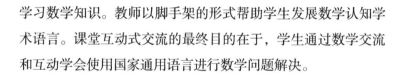

学习数学知识。教师以脚手架的形式帮助学生发展数学认知学术语言。课堂互动式交流的最终目的在于，学生通过数学交流和互动学会使用国家通用语言进行数学问题解决。

（二）语言与知识相结合的教学主线

1. 语言与知识相结合的学情分析

学情分析是在实施教学过程之前对学生原有知识经验和认知水平的分析，其目的是为教师进行有效教学设计提供条件。在 BD–CALP 模型中，学情分析是实施教学方案设计的重要前提，这一学情分析不同于一般课程教学中的学情分析，国家通用语言能力的学情分析是这一分析的重点，只有在语言能力不影响正常教学的情况下，才能够实施课程教学计划。因此，BD–CALP 模型认为，从语言和数学知识两个方面进行有效的学情分析，是进行国家通用语言数学教学的重要前提，也是BD–CALP 模型教学方案实施的出发点。

2. "语言与数学认知" 矩阵式教学资源设计

教学资源设计主要指在数学知识学习和语言学习两个方面，为使语言与认知达到平衡发展而进行的教学设计。科伊尔认为，课程知识与语言学习必须保证学生的语言水平不影响其认知的发展。[1] 在国家通用语言数学教学中，教师对教学的设计应该保证学生的国家通用语言水平不影响数学知识的学习。本书借用卡明斯的 "知识内容与语言整合式发展矩阵"，用来

---

[1]　转引自：黄雪萍，左璜. 课目与语言整合式学习模式的兴起、课程建构与启示[J]. 外国教育研究，2013（11）：39–50.

平衡这两者之间的关系，从而指导教师合理安排教学内容和学习任务，进行支架式教学（见图3-5）。

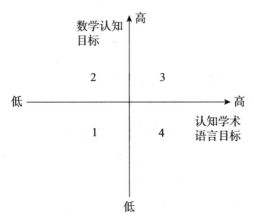

图3-5 "数学知识与认知学术语言整合式"教学设计矩阵

从图3-5中可以看出，这一矩阵图将认知学术语言目标和数学认知目标的水平从低到高分成了四个象限。其中，象限1代表低语言水平、低认知水平；象限2代表低语言水平、高认知水平；象限3代表高语言水平、高认知水平；象限4代表高语言水平、低认知水平。在教学设计过程中，象限1水平的任务设计主要是为了建立学生的自信心。在国家通用语言数学教学中，教师为保证学生的数学知识学习不受到语言水平的限制，应尽量将学习任务难度放在象限2中。在学习过程中，当遇到学习内容对国家通用语言水平有一定的要求，同时对学生的数学认知也有一定的难度时，学习任务逐步由象限 2 过渡到象限 3。❶ 对于国家通用语言掌握不熟练的学生而言，学习中出现困难最多的情况在象限 3，即高语言高认知水平。此时，教师需要发挥脚手架功能，在学习新的难度较高的数学知识之前，对学生的数学认知学术语言进行支架式教学，帮助学生将相关的认知学术语言能力提高到象限 3。象限 4 主要关注语言的学习，例如一些对语言要求较高、较为复杂的应用题等。

在这一矩阵中，依据认知发展理论，当知识学习任务难度较大时，学生将较少的注意资源分配在语言信息上；而当知识学习任务难度较小时，学生将较多的注意资源分配在语言信息上。因此，语言与认知平衡发展的矩阵是教学资源进行有效设计的理论基础，在基于学生认知学术语言和数学知识平衡发展的基础上，合理地进行教学设计是进行国家通用语言有效数学教学的保证。

3. 双维目标的设计原则

以数学认知学术语言能力发展为视角的国家通用语言数学教学，具有双维目标的聚焦方式。维度一主要强调通过数学知识的学习，发展学生的数学认知能力；维度二主要通过互动式课堂交流，帮助学生掌握相关的国家通用语言数学认知学术语言。两个目标维度的结合就是国家通用语言形式的数学认知学术语言能力的发展。教学设计遵循以下原则：

（1）整合式原则。国家通用语言数学知识的学习，不仅是

❶ 李灵丽，黄甫全，曾文婕 . 新兴课语整合式学习的课程开发原理与方法［J］. 课程·教材·教法，2016，36（12）：107–114.

强调学生数学知识的掌握，更多的是形成以国家通用语言为表征形式的问题解决方式。在这一原则的指导下，教学过程以同时发展数学知识和语言能力为主线，特别强调数学认知学术语言理解能力、转译能力和表达能力的发展。在国家通用语言数学教学中，逐步形成以国家通用语言形式进行问题表征、问题解决方案的制定和问题的解答。

（2）交互式原则。数学认知学术语言的学习和数学知识的学习是交互作用的，教师在教学设计过程中应当平衡两者之间的关系，以学生能够理解的国家通用语言内容进行数学知识教学。在这一原则的指导下，教学内容的选择、语言内容的选择应符合认知学术语言和数学认知发展的矩阵关系，在语言难度较高的情况下，语言发展先于数学认知的发展，在学生能够理解的基础上进行数学教学。

（3）互动式原则。互动式课堂交流是认知学术语言获得的关键途径，这一点在以语言学习为目标的教学中尤为重要。互动式课堂交流的目的是为学生提供足够的课堂语言练习机会，通过语言表达发现语言问题和数学知识掌握情况，教师进行及时的反馈和支架式教学。语言表达训练包括口语表达和书面表达，足够的语言表达训练能够有效地帮助学生获得数学知识和相应的语言能力。

（4）灵活性原则。基于认知学术语言能发展的教学具有一定的灵活性，在不同的教学情境中需要不同的语言能力，需要教师灵活地安排课程进度和课堂教学情境。

4.教学实施

教学实施的设计包括教学实施过程和教学评价，对这两个方面的设计是以数学认知学术语言能力发展为视角的国家通用语言数学教学，从理论走向实践的中间环节，能够为教学设计提供指导，为一线教师的教学提供理论支持。

（1）实施过程。

教学实施过程是如何将以数学认知学术语言能力发展的教学理念，用于实践教学的具体实施程序。本书的教学实施过程包括四个部分，分别是主题选择、媒介开发、任务设计和作业布置（见图3-6）。

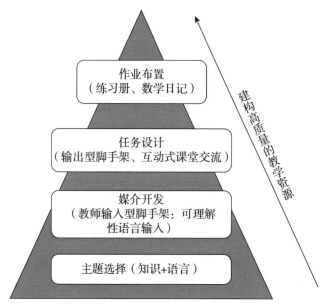

图 3-6　教学实施过程示意图

　　首先，主题选择。主题内容的选择是教学实施的第一个环节，这里的主题内容包括两个方面：一是教师依据《义务教育数学课程标准》制定的知识教学内容；二是学生能够顺利完成知识学习所需的语言内容。对于教师而言，语言内容的选择是这一部分的关键，语言的选择决定学生能否充分地理解相应的数学知识，这也是教学资源构建的基础部分。依据"数学知识与认知学术语言整合式"教学设计矩阵的原理，合理地确定教学的重点和难点。如果原有课程内容的难度较低、语言要求也较低，那么教师应该充分把握语言的表达，尽量控制在学生能够理解的水平范围之内，避免较为复杂的语句和陌生词汇的出现，以干扰学生对数学知识的理解。若课程内容难度较低、语言要求较高，教学过程中可以有充足的时间和资源让学生注意语言的表达，进一步加强数学知识学习过程中语言的正确使用，教学重点放在认知学术语言的学习部分。当课程内容难度较高、语言要求也较高时，应保证学生在能够理解语言的前提下进行数学知识的学习，因此，此时的教学应以语言学习在先、知识学习在后的原则进行。若课程任务难度高、语言要求较低，应将教学重点集中于知识内容的学习。

　　其次，媒介开发。媒介开发是教学实施的第二个环节，主要包括教师输入型脚手架的设计，其目的在于教师或教学媒体输出的语言对学生而言是可理解的。在这一环节，由于学生在国家通用语言水平方面存在差异，教师在准备教学资源和输入模式时需要关注学生的语言差异。为减少由于语言差异造成的语言负荷和认知负荷，使学生能够有效地理解教学资源中的认知学术语言和相应的数学知识，教师以输入型脚手架的身份，通过辅助性语言（图示、实物、图表等方式）帮助学生顺利地进行学习。本书中依据教学实践中发现的问题，即学生对文字语言的理解能力弱于图表语言和符号语言，对与文字相关的转译能力均较弱。因此，教师脚手架的功能主要体现为帮助学生进行文字语言的理解，使学生可以借助图表语言和符号语言的功能实现对文字语言的理解。

再次，任务设计。任务设计是教学实施的第三个环节，主要包括互动式课堂结构和输出型脚手架的设计，这一环节也是整个教学实施过程的核心环节。任务设计的目的主要有两个：一是激发学生思维活动，达到认知学术语言与数学知识的整合式发展；二是互动式的课堂交流，学生以数学交流和小组讨论等方式进行真实的交流，或在共同解决问题的过程中进行意义交流，以体现出语言理解、语言加工和语言表达的过程。为确保学生能够顺利地完成小组讨论和数学交流，教师以输出型脚手架的身份，及时对学生的词语、句型表达和语法错误进行纠正，以及对问题解决方案的不足进行补充等。本书依据教学实践中发现，学生在数学认知学术语言口语表达能力较弱的情况下，教师应提供更多的课堂互动机会，让学生积极参与口语式的问题解决，以便教师及时发现问题，及时纠正。

最后，作业布置。作业布置是教学实施的最后一个环节，其目的在于巩固和强化新学习的知识。一般情况下，作业包括练习册和教师自己出的练习题。依据教学实践中发现的问题——学生数学认知学术语言书面表达能力较差，且书面表达能力弱于口语表达能力，为更好地提高书面表达能力，本书以"数学日记"的形式作为学生作业的一项内容。试图通过"数学日记"进一步了解学生对问题解决的思考，对数学知识学习的心理体会以及文字语言掌握的情况，从而使教师更有策略地帮助学生提高其书面表达能力。

（2）教学评价工具的构成。

对教学效果的评价需要具有较好信度和效度的评价工具。以数学认知学术语言能力发展为视角的国家通用语言数学教学，其教学目的强调学生数认知学术语言能力的提高和数学知识水平的提高。因此，对教学评价工具应从两个方面进行制定：一是数学认知学术语言能力的评价；二是数学知识水平的评价。

依据第二章中对数学认知学术语言能力的构成分析，数学认知学术语言能力包括语言理解能力、语言转译能力和语言表达能力。这三个能力能够综合性地在数学应用题解决过程中表现出来。数学应用题通常指"算数应用题"，主要以现实世界中的事件与关系为问题情境，用自然语言进行问题描述、以执行数学运算为主的问题解决方式。❶ 小学生在进行应用题解题的过程中，使用一般性的问题解决过程，即理解问题、寻找关键信息，制订解题计划、执行计划、验证结果。在这个过程中，不仅涉及基本的数学知识，还包括相应的认知学术语言能力。本书以"问题解决"为核心的应用题测试来评价数学认知

---

❶ 魏雪峰，崔光佐 . 小学数学问题解决认知模型研究［J］. 电化教育研究，2012（11）：79–85，114.

学术语言能力。

三、与国外相关模型的比较

（一）BD-CALP 模型与四维"语言能力发展—学科教学"模型

通过对 BD-CALP 模型的内容分析和讨论，基于认知学术语言能力发展的数学教学理论模型被予以表征。该模型的构建为国家通用语言数学课堂教学效率的提升提供了新的理论基础。在已有基于语言能力发展的教学模型中，较为有成效的是四维"语言能力发展—学科教学"模型。该模型是拉斐尔（Rafael）和理查德（Richard）于 20 世纪 90 年代提出的，其目的是弥补以往基于语言能力发展的学科教学理论的不足之处，以及为目前日益复杂的学科教学提供更为全面和具有操作性的理论指导。模型的主要思想最初来源于传统的以英语为通用语言的学科教学课堂，并试图将基于语言能力发展的学科教学指导方针进行操作性分类。这一模型为国外以英语为通用语言的学科教学提供了较为有效的理论指导。该模型的主要思想包括：基于语言能力发展的学科教学理论中各种教学元素是一个相互联系的整体，不同元素结合为一定的维度。模型中共有四个维度，因此也被称为"四维学科教学模型"。这四个维度具体指活动结构（activity structures）、语言教学（language of instruction）、语言内容（language content）和语言模式（language mode）。

本书的 BD-CALP 模型的原理与四维"语言能力发展—学科教学"模型有相似之处，但也存在实质上的差异。在针对国家通用语言课堂教学改进中也存在潜在的优势，以下将从理论层面以对比分析的方式对两个理论的共性和差异进行系统的分析，并进一步阐明 BD-CALP 模型的潜在优势。根据研究目的和研究内容将四维"语言能力发展—学科教学"模型与 BD-CALP 模型从理论的建构目的、建构视角、结构内容三个维度进行类比分析，如表 3-1 所示。通过这一分析，对其后两个理论异同的比较奠定基础。

表 3-1　BD-CALP 模型与四维学科教学模型的类比分析

理论	建构目的	建构视角	结构内容
四维学科教学理论	①对以往有关基于语言能力发展的学科教学的理论进行有效的整合，将理论观点应用于现实的教学环境；②对教师可控的教学变量进行定义，以提高学生的学业成绩	双语教育理论；语言习得理论；社会建构理论；学科教学理论	活动性结构；语言内容；语言教学；语言模式
BD-CALP 模型	以认知学术语言能力发展为视角，提高少数民族学生国家通用语的数学认知学术语言能力和数学成绩	语言习得理论；信息加工理论；最近发展区理论；"课语整合式"教学理论	"语言与知识"整合式最近发展区；"语言与知识"整合式的教学设计；互动式课堂结构；教师脚手架教学策略

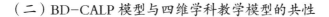

（二）BD-CALP 模型与四维学科教学模型的共性

BD-CALP 模型与四维学科教学模型存在一定的共性，主要体现在以下三个方面。

第一，两个理论的建构目的具有相似之处。无论理论建构的出发点如何，两个理论最终的目的均是在提高学生通用语言能力的基础上提高学生的学业成绩。

第二，共同的理论建构视角。语言习得理论是这两个模型共有的理论建构视角，由于两个模型均强调"通用语言能力"在以通用语言为教学语言对学生教学过程中的重要性。因此，语言习得理论能够为以语言发展为视角的学科教学提供理论基础。

第三，结构内容也有相似点。四维学科教学模型在语言内容中将语言分为社会日常语言活动和学术语言活动，与 BD-CALP 模型中的认知学术语言划分相似；四维学科教学模型中的语言模式分为口语表达、听力理解、阅读理解和书面表达，与 BD-CALP 模型中数学认知学术语言理解能力、语言转译能力和语言表达能力的划分类似；两个模型均强调互动式课堂的构建，在四维学科教学模型中，"活动性结构"主要指教学环节的具体构成，这些构成中强调"活动"的价值，通过一系列的"活动"来构成教学过程，教师和学生之间可以通过有利于教学目标实现的方式进行互动，并蕴含了以下特征：学习环境、教师与学生进行交流的机会均由教师来创建，教师需要在课堂设计中进行准备；"活动性结构"的内容和形式是相对的，每一个活动都具有片段性，每一个活动也都有具体的教学目的和交流形式，因此，在某一活动中的交流形式和内容依据于特定的教学目标而进行；此活动与彼活动之间并不具有适用性。在 BD-CALP 模型中，互动式课堂结构的构建通过师生之间的数学交流活动进行，数学交流以师生之间、生生之间的数学对话来完成，教师需要针对具体教学内容进行相应的设计，构建过程具有灵活性。整体而言，两个模型均从语言能力发展的视角出发，提出提升通用语言教学中学生学业成绩的理论观点。

（三）BD-CALP 模型与四维学科教学模型的差异

尽管两个模型在某些方面具有一定的共性，但也存在一些实质性的差异。这些差异主要体现在以下三个方面。

第一，理论基础的差异。除了相同的理论视角，两个模型也有自己独特的理论视角。正是理论视角的出发点存在差异，才使得两个理论之间的核心观点存在不同。四维学科教学模型强调以卡明斯的双语教育理论为出发点，整合社会建构理论和学科教学理论，以教师可观察的教学行为为指标，进行课堂教学的改进，这一模型并没有具体的学科内容，但强调更适合于理科教学。而 BD-CALP 模型以"语言与知识整合式"最近发展区为出发点，以"语言与知识整合式"教学设计为主线，以语言习得理论为教学策略视角，进行理论观点的整合。这一模型以具体的国家通用语言教学中数学教学为例进行课堂教学改进的阐释。

第二，构建目的存在差异。尽管两个模型构建的最终目的均是提高学生的学业成绩，但其中介变量存在差异。四维学科教学模型是通过对教师教学过程中可控变量的操作性定义，以提高教师的课堂教学行为效率为中介提高学生的学业成绩；而BD-CALP模型是通过教师的脚手架策略以提高学生的数学认知学术语言能力为中介提高学生的数学成绩。

第三，基本内容构成的差异。四维学科教学模型中拉斐尔和查理德对卡明斯提出的日常生活用语和认知学术语言两个概念进行了重新界定，以适应这一模型研究。该模型中从语言内容的四个方面进行了定义：社会日常（socail routines），诸如社会交往和谈话等；学术日常（academic routines），诸如归还图书、学习策略、处理任务和完成家庭作业等与学术有关的日常工作；较低认知水平的语言内容（light cognitive content），诸如处理当前事务、讨论学校事情、多元化的教育观点；较高水平的语言内容（dense cognitive content），诸如新的课程知识相关的信息、新的专业术语或概念的运用、与专业有关的理论或定理等的学习。该模型并没有设定一般性的发展前提，而是随着时间的推移强调通用语言条件下认知学术语言能力发展的重要性。在实际的课堂教学中，存在从一种语言向通用语言的转换，并且以不同的速度和时间在不同的活动性结构和语言模式中出现，教师需要在课前对学生的认知学术语言能力水平进行评估，依据具体情况设计不同难度的教学活动，以适应学生最近发展区的能力水平。这也是活动性结构具有相对稳定性的原因所在。而在BD-CALP模型中，由于学生国家通用语言能力的限制，日常生活用语能力与认知学术语言能力之间存在差异，这一模型更加强调数学课堂教学中数学认知学术语言能力的发展，教师在教学设计中使用教学策略减少学生的语言负荷，通过"语言与数学认知"矩阵式设计确定教学的重点，具体的课堂内容依据具体的学情分析而确定教学设计，因此，这一理论模型具有适应性和灵活性的特征。

（四）BD-CALP 模型的内在优势

通过上述对四维学科教学模型和 BD-CALP 模型的分析和讨论，从理论建构的目的、理论基础和结构内容三个方面对两个模型进行了系统的类比和阐释。在这一分析过程中发现，BD-CALP 模型除具有和四维学科教学模型的共性之外，也具有自身独特的理论主线和整合视角，在国家通用语言学科教学理论中具有一定的内在优势。这一优势具体体现在以下三个方面：

第一，以"语言与知识"整合式发展区的确定为教学设计的出发点，能够更切实际地符合学生最近发展区。在 BD-CALP 模型中，强调以"认知学术语言能力发展"为核心，课堂教学中避免语言负荷的产生，通过一定的学情分析确定学生"语言与知识"整合式的最近发展区，确保语言水平的发展不影响数学知识的获得，由此保证了课堂教学的顺利实施。特别是在数学学科教学中，由于数学的学科语言具有符号性、抽象性、精确性等学科特征，学生在使用国家通用语言学习的过程中，需要首先掌握数学认知学术语言的国家通用语言表征意义，随后才能进一步地学习和掌握其数学意义。因此，语言与

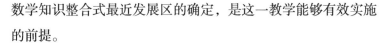

数学知识整合式最近发展区的确定，是这一教学能够有效实施的前提。

第二，强调语言与数学认知的共同发展。在 BD-CALP 模型中，认知学术语言能力的掌握和数学知识的学习是两条学习脉络，这两条脉络整合为数学认知学术语言能力的发展。认知学术语言是数学知识的载体，学生需要在学习过程中掌握国家通用语言形式的数学知识，这一能力的发展是国家通用语言数学认知学术语言理解、语言加工和语言表达过程的完成，通过教学方案的生成和实施，同时伴随着这一能力的发生、完善和提升。

第三，以语言发展为主线的数学知识获得过程。语言因素是影响数学教学效率的主要因素，BD-CALP 模型强调以国家通用语言能力发展为前提，在符合学生数学认知学术语言最近发展区的条件下，设计基于认知学术语言能力发展的教学策略，教师以脚手架的形式帮助学生达成语言最近发展区，通过语言与知识整合式教学设计有效地实施数学课程教学。数学认知学术语言能力的发展是这一模型的主线，以数学认知学术语言能力发展为视角的教学能够从语言层面弥补以往传统式教学的不足。

综上所述，本章通过从语言习得理论、信息加工理论和最近发展区理论的视角进行了认知学术语言能力发展的理论分析，并进一步阐述了认知学术语言与数学知识整合式发展原则和发展过程；在"课语整合式学习"理论的视角下，进行了数学认知学术语言能力发展的教学路径分析。在此论述的基础上，构建了基于认知学术语言能力发展的理论模型（BD–CALP模型）。

在以认知学术语言能力发展为视角的国家通用语言数学教学中，学生使用国家通用语言进行数学知识学习的数学能力，依赖于认知学术语言能力与数学知识的整合式发展，即数学认知学术语言能力的发展。认知学术语言能力和数学知识的整合式发展是这一教学过程的核心。在这个过程中，教师的职责在于，以脚手架的形式帮助学生实现这一能力的发展。教学方案的生成是教学实施的前提，随着教学方案的实施，学生在国家通用语言数学课堂中，通过数学认知学术语言理解、语言转译和语言表达三个语言获得过程，完成对数学知识的学习，逐步习得国家通用语言形式的数学认知学术语言能力。在连续实施这一教学方案的过程中，学生的数学认知学术语言能力从发生、完善到最后的提升，并将以往的数学经验和新学习的数学知识进行不断的同化和顺应；最后，逐步实现以国家通用语言为表征形式的数学知识构建，也逐步达到以国家通用语言为表征形式的数学问题解决能力。

第四章 方案生成：数学认知学术语言能力发展的教学方案

　　教学方案设计指通过系统论的方法分析教学内容、确定教学目标、教学策略、实施教学方案，最后进行教学评价和反思的过程，❶主要包括教学目标、教学内容、教学过程和教学评价四个环节。有学者认为，数学教学设计应当基于数学学科本身的特点，在充分了解学生学情的基础上，遵从数学教学和学习的基本规律。依照《义务教育数学课程标准》的要求，对课程资源进行合理的整合，从而制定合适的教学方案，并在教学过程的实施中不断反思、修改和完善。❷本书中的教学方案设计以 BD-CALP 理论模型为依据，以国家通用语言数学认知学术语言能力的发展为出发点，认知学术语言能力和数学知识水平同时提高为目标，进行语言与课程内容学习相整合的教学方案设计。本章内容将从"语言与数学知识"整合式的教学目标、教学内容、教学策略三个方面进行分析，并以《认识分数》一

---

❶　朱爱玲.发展思维：小学数学核心素养的核心体现——以"三角形的面积"教学为例［J］.小学数学教育，2018（11）：8-9，19.
❷　曹一鸣.数学教学论［M］.北京：高等教育出版社，2008：136.

课和《长方形的周长计算》一课为例，阐述具体的教学方案设计。

第一节 "语言与数学知识"整合式教学目标

一、"语言与数学知识"整合式学情分析

学情分析是在实施教学过程之前对学生原有知识经验和认知水平的分析，其目的是为教师进行有效教学目标设计提供条件。学情分析主要从学生和教材两个方面着手，其实质是在新的学习目标和学生原有知识经验之间建立联结，教师需要在教学设计之前了解学生已具备的认知水平、能力状况和相关的知识水平。❶ 在本书教学方案设计之前，教师需要对学生的国家通用语言能力和原有的数学知识经验进行学情分析。这一分析主要包括两个方面：一方面是具体课程内容的分析，即依据数学课程标准的知识内容分析；另一方面是学生与课程知识学习相关的国家通用语言掌握情况的分析，即相应数学认知学术语言的分析。这一学情的分析，能够帮助教师形成适切的"语言与数学知识"整合式教学目标，有利于教学设计的形成。学情

---

❶ 乔海叶. 基于学情分析的小学数学课堂教学设计策略探究 [J]. 数学学习与研究, 2017（10）：57；甘火花. 论小学数学教案中的过程设计与呈现 [J]. 课程·教材·教法, 2017（12）：57-63.

分析的内容包括：学生目前的国家通用语言水平和数学经验、应该达到的数学认知学术语言水平和数学知识水平；学生原有的国家通用语言、数学知识水平与应该达到的水平。本书采用高新桥等设计的学情分析工具进行具体每堂课前的学情分析。高新桥等在学习科学理论的指导下，通过课堂观察和调研的方式分析了学生学习过程，研制相关的学习者分析对话模板。❶本书依据其中的"学习水平分析对话模板"进行了部分修改，形成基于数学认知学术语言能力发展的教学方案设计前的学情分析对话模板。如下所示，该对话模板一共包括三个对话关注点，分别从学生原有的国家通用语言水平、原有的数学知识理解水平和原有的数学知识运用水平三个方面进行分析。

对话关注点 1：学生的国家通用语言水平，具体指对与课程内容中文本表现相关的国家通用语言知识水平的了解。

对话范式：

……这些词语认识吗？会读吗？知道什么意思吗？

对于这个……，你是怎么描述的？你能说出该……的特点吗？

对于这个……了解多少？（不清楚／知道一点／很熟悉）

对话关注点 2：对与课程内容相关的原有数学知识水平的了解，包括对具体事实和概念的理解、具体数量的运算等。

---

❶　高新桥，何耀华．利用学情分析工具　准确把握教学起点［J］.基础教育论坛，2019（33）：34–36.

对话范式：

你能列举与……相关的生活中的例子吗？

你能对……进行分类吗？

你能比较……吗？

对话关注点 3：学生利用已有的知识进行问题解决的情况。

对话范式：

如果这……变化，结果会怎样呢？你能识别 Y 与 X 之间的区别吗？

对于这……的问题，你是怎么认识的？

二、"语言与数学知识"整合式总体教学目标

基于数学认知学术语言能力发展的国家通用语言数学教学目标包括两个方面：一是语言目标，即学生在《义务教育数学课程标准》范围内应该达到的与数学知识相关的认知学术语言能力水平；二是课程内容目标，即《义务教育数学课程标准》中规定的学生应该掌握的数学知识和能力。教学目标的正确制定是进行有效教学的关键环节，目标制定不合适，将会直接影响后续的教学过程和教学评价的实施。由于教学目标是对实施教学方案后所要达到教学效果的一种预设，因此，在教学目标制定的过程中教师应充分掌握学生当前的认知水平，只有在学

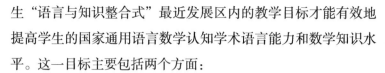

生"语言与知识整合式"最近发展区内的教学目标才能有效地提高学生的国家通用语言数学认知学术语言能力和数学知识水平。这一目标主要包括两个方面：

其一，语言目标。语言目标指学生在国家通用语言课堂数学知识学习过程中，对数学认知学术语言的理解能力、转译能力和表达能力的要求。具体的目标由教师依据学生原有的国家通用语言能力和数学知识水平来确定。

其二，课程内容目标。课程内容目标是学生在规定的课堂教学进程中应该掌握的数学知识。课程内容目标的制定由教师依据具体的《义务教育数学课程标准》来制定。

三、数与代数的具体教学目标

在《义务教育数学课程标准》中将课程内容分为四个部分：数与代数、图形与几何、统计与概率、综合与实践。由于"综合与实践"部分主要是以问题为载体，以学生自主参与为主的学习活动，这一学习活动的内容也是综合运用"数与代数""图形与几何""统计与概率"的知识和方法来解决问题，具体的实践活动体现在这三部分内容中。此外，"统计与概率"部分的知识也以实践性知识为主。因此，本书主要从数与代数、图形与几何两个知识内容方面进行教学设计的分析。在小学阶段，数与代数问题主要涉及数的认识、数的表示、数的大小、数的运算和字母表示数等。在这部分内容中，符号语言（特别是数字符号和简单的运算符号）是其主要的数学认知学术语言形式。基于符号语言的语言理解能力、语言转译能力、语言表达能力和数学运算能力是发展数学认知学术语言能力的重要方面。

基于数学认知学术语言能力发展的国家通用语言数学教学，其教学目标包括语言目标和课程内容目标。

（一）语言目标

在语言目标方面，语言目标的设定从数学认知学术语言能力的三个主要方面出发，即语言理解能力、语言转译能力和语言表达能力。特别是数与代数的内容中，与文字语言相关的符号语言理解能力、语言表达能力以及数字运算能力是语言教学目标的重点。这一目标体现为以下三点：

第一，语言理解目标，包括能够正确地理解数字符号、运算符号、常见的量。

第二，语言转译目标，包括能够正确地进行数字符号与文字语言之间的转译、数字符号与图表语言之间的转译。

第三，语言表达目标，包括能够准确地进行数字符号、运算符号和常见的量的口语表达和书面表达。

（二）课程内容目标

在课程内容目标方面，依据《义务教育数学课程标准》进行具体教学目标的设定。数学课程的具体目标，包括知识技能、数学思考、问题解决和情感态度四个方面。数与代数内容在知识技能中的课程目标为经历数与代数的抽象、运算等过

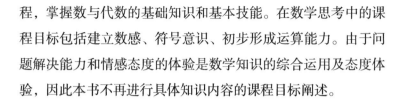

程，掌握数与代数的基础知识和基本技能。在数学思考中的课程目标包括建立数感、符号意识、初步形成运算能力。由于问题解决能力和情感态度的体验是数学知识的综合运用及态度体验，因此本书不再进行具体知识内容的课程目标阐述。

四、图形与几何的具体教学目标

（一）语言目标

在语言目标方面，图形与几何问题较多地涉及以"图形"的方式进行的语言理解，而较少涉及文字或符号形式的语言表达。图形与几何问题中的语言目标包括以下三个方面：

第一，语言理解目标。能够正确地理解与长方形、正方形、三角形、平行四边形和圆形等简单图形认识相关的国家通用语言表述，能够正确地理解有关直角、锐角及其之间关系的国家通用语言表述，能够正确地理解有关线段、射线和直线的国家通用语言表述；能够正确地理解与"图形测量"有关的度量单位和计算公式的意义；能够正确地理解与"图形的运动"相关的国家通用语言表述，例如平移、旋转和轴对称等；能够正确地理解"图形与位置"相关国家通用语言表述。

第二，语言转译目标。能够正确地进行国家通用语言与图形语言之间的转译、符号语言与图形语言之间的转译。

第三，语言表达目标。能够使用正确的国家通用语言进行图形认识、图形测量、图形的运动、图形与位置相关问题的口语和书面语言的表达。

（二）课程内容目标

在课程目标方面，依据《义务教育数学课程标准》的要求，图形与几何部分的内容在知识与技能中的课程目标为：经历图形的抽象、分类、性质探讨、运动、位置确定等过程，掌握图形与几何的基础知识和基本技能；在数学思考中的课程目标为建立空间观念，初步形成几何直观和运算能力，发展形象思维与抽象思维。

第二节　"语言与数学知识"整合式教学内容

一、"语言与数学知识"整合式总体教学内容

教学内容主要指教师"教什么"和学生"学什么"的内容，具体指教师为了实现教学目标而选择的知识内容。本书的教学内容包括与语言目标相联系的语言学习内容、与课程目标相联系的数学知识内容。在基于数学认知学术语言能力发展的国家通用语言数学教学设计中，教学内容的生成依据"语言与知识矩阵设计"理论，根据数学知识学习所需要的国家通用语言能力和数学认知水平，进行语言内容与数学知识内容的矩阵设计。在设计过程中，当语言能力水平低于数学认知水平时，教学的重点和难点应该放在语言内容上，做到先语言后知识的

教学顺序；当语言能力水平高于数学认知水平时，教学的重点和难点应该在知识学习上，教学过程中应避免出现高于数学认知水平的语言信息。因此，在教学设计中，要合理安排教学内容，重点突出、难点清晰；语言学习和知识内容的学习相辅相成，要依据具体的问题具体设计。

BD–CALP 理论模型指导下的教学方案设计以互动式课堂为基础进行教学内容的实施。学生在国家通用语言中数学认知学术语言能力的发展，应当始终贯穿于整个数学教学过程中。教师在进行教学过程设计时，应充分考虑每个问题中数学认知学术语言的使用。在了解学生国家通用语言掌握状况的情况下，针对具体问题，对具体的知识点进行合理教学设计，对学生在国家通用语言条件下的数学问题解决能力发展进行合理的设计。教学过程中依据具体教学情境，师生之间通过数学交流的方式构建互动式课堂结构、教师选择适当的输入或输出型脚手架教学策略，帮助学生理解和掌握数学认知学术语言和数学知识，提高其数学问题解决能力。

二、数与代数的教学内容及实施原则

（一）教学内容

基于数学认知学术语言能力发展的"数与代数"内容的教学，其教学内容包括语言内容和课程内容。在语言内容方面，依据语言目标进行语言教学内容的设计，包括提高"数学认知学术语言理解能力"的教学，提高"数学认知学术语言转译能力"的教学，提高"数学认知学术语言表达能力"的教学。具体的教学内容依据于实际的课程内容、具体学情和"语言与知识矩阵设计"。在课程内容方面，依据《义务教育数学课程标准》进行课程内容设置。数与代数部分是小学阶段数学课程的重要内容，包括数的概念、数的运算、数量估计和字母表示数等。❶

（二）教学内容实施原则

在对基于数学认知学术语言能力发展的国家通用语言数学教学内容的实施中，可以遵循以下原则：

1. 基于数学认知学术语言理解的"数与代数"知识理解

在"数与代数"内容中，由于数和符号是刻画数量关系的主要语言，通过基于这一语言的数量关系及其变化规律的探索，进一步认识数与代数知识中存在的对立和统一的素材，例如正数与负数、加法与减法、乘法与除法、乘方与开方等。因此，对数和符号的理解是进行数与代数内容学习的基础。数和符号本身具有抽象性，而处于小学阶段的学生其思维发展形式主要是具体形象思维（第一学段）和具体形象思维向抽象逻辑思维的过渡（第二学段），将"数和符号"的抽象意义与具体的符号表征之间建立联结，是进行数学知识学习的重要前提。例如在小学一年级有关"数的认识"中，使学生从"数量"抽象到"数"，是一个具体形象思维向抽象思维发展的过程，如

❶ 教育部基础教育课程教材专家工作委员会．义务教育数学课程标准解读（2011年版）[M]．北京：北京师范大学出版社，2011：138.

从具体的 3 只羊、3 棵树、3 本书，抽象为"3"这个数字。用这个数字来表示具体的数量，已经去掉了数的单位和具体数量的含义，即"3"这个数可以表示任何具有"3"这样数量特征的事物。

教学过程中，教师可理解性语言的输出是学生进行国家通用语言数学认知学术语言理解的前提。教师能否使用可理解性的语言进行"数和符号"抽象意义与符号表征之间关系的建立，是学生进行有效学习的重要保障。数和符号的语言理解从输入性语言理解开始。首先，数和符号的发音、数和符号的书写，即学生能够理解听觉性的数和符号语言、能够理解视觉性的数和符号语言，其中教师可理解性语言的输出是前提，需要教师做好充足的课前准备，以学生能够理解的国家通用语言形式表达与数和符号有关的内容；其次，将数和符号与意义之间建立联系，通过将新的"数和符号"与以往经验相联系，教师使用学生可理解的国家通用语言将数和符号与其意义之间建立联结。

2. 基于数学认知学术语言表达的"数与代数"知识运用

在语言习得输出假说中，斯维恩认为，语言的输入仅仅是语言成功习得的条件之一，只有进行大量有效的语言输出训练，才能保证学生真正习得语言；也只有流畅的语言输出（口语或书面表达）才能证明语言学习者真正地习得了语言。在"数与代数"内容的教学过程中，教师应当重视在教学中为学生提供更多的口头语言表达机会，例如课堂提问、小组讨论、师生对话等形式；也可以通过课堂作业的形式布置练习题，让学生在课堂中进行书面表达的训练，教师予以积极的反馈。

在第一学段的教学中，强调以数和符号及其运算的数学认知学术语言口语表达能力为主、书面表达能力为辅的语言表达训练思想，重点培养学生口语表达数字运算和数学问题解决过程。特别是 20 以内的加减法和表内除法，以及百以内的加减法和一位数乘除两位数的运算，是第一学段应该掌握的基本数字运算能力。通过口语表达训练，使学生在理解算理的基础上，把握四则运算的本质。对于教师而言，可以通过学生的口语表达，清晰地了解学生对知识的掌握情况。此外，培养学生将数学问题解决过程以口语的形式进行表达，是将内部问题解决的思维过程外显化的方式。在这一过程中，教师以此分析学生问题解决失败的原因，了解学生问题解决的内部心理过程：学生是否掌握了问题解决方法？是否理解题意？抑或是理解了题意并会解决问题，只不过无法用正确的语言进行表达？对于这些问题的分析，可以帮助教师了解学生的学习情况，以便针对具体情况进行具体的强化教学和教学策略的改进。实证研究发现，尽管这一学段的学生整体数学认知学术语言表达能力有待提高，但相对而言，口语表达能力好于书面表达。因此，在教学中，对学生数学认知学术语言书面表达的训练也尤为重要。以家庭作业和数学日记的形式加强书面表达能力，教师对于学生的书面表达予以及时的反馈，提供正确的书面信息，并加以强化。

在第二学段的教学中，重点培养学生数和符号及其运算的书面表达能力，即以书面表达能力为主、口语表达能力为辅的教学方式。在对数的概念理解的基础上，对数的概念的本质有进一步的认识，同时也需要掌握对三位数乘两位数乘法和三位数除以两位数除法的运算能力。在这一能力的掌握过程中，竖式和列式运算是学生进行复杂运算的基本技能，因此，书面表达就尤其重要了。这需要教师在课堂教学过程中，除了示范基本的书面表达方式，还要为学生提供足够的书面表达机会。课堂中的书面表达训练有利于教师给予学生积极的反馈。此外，教师可以适当地布置家庭作业，或以"数学日记"的形式提高学生的书面表达能力。

三、图形与几何的教学内容及实施原则

（一）教学内容

基于数学认知学术语言能力发展的"图形与几何"内容的教学，其教学内容包括语言内容和课程内容。在语言内容方面，依据语言目标进行语言教学内容的设计，包括提高"数学认知学术语言理解能力"的教学，提高"数学认知学术语言转译能力"的教学，提高"数学认知学术语言表达能力"的教学。具体的教学内容和方法的使用依据实际的课程内容。在课程内容方面，依据《义务教育数学课程标准》进行课程内容设置，主要包括：图形的认识、图形的测量、图形的运动、图形与位置。

（二）教学内容实施原则

"图形与几何"的课程内容，以发展学生的空间观念、几何直观为核心展开，包括：空间和平面图形的基本认识；图形的性质和分类；图形的平移、旋转、轴对称等。在对基于数学认知学术语言能力发展的国家通用语言数学教学过程的实施中，可以遵循以下原则：

1. 基于数学认知学术语言理解的"图形与几何"知识理解

图形与几何部分的内容是对"图形"语言的认识、测量、运动和位置。尽管学习的对象是"图形"，但对其描述的语言仍然是文字式的语言。因此，在教学过程中，教师在对图形相关问题进行教学时，教学过程中是否使用"可理解性语言"对学生进行图形及其特征的教学，就尤为重要。以"图形的认识"为例，在两个学段中，对图形认识的要求是不一样的，认识同一个或同一类图形的要求具有层次性。第一学段要求"辨认"图形，即"能够根据具体事物、照片或直观图辨认从不同角度观察到的简单物体"；第二学段要求"认识"图形，即"能辨认从不同方向（前面、侧面、上面）看到的物体的形状图"。由于两个学段的教学目标不同，教师帮助学生建立的图形与语义之间抽象关系的程度也是不一样的。

学生在形成图形概念的过程中，对图形的认识来源于日常的生活经验。因此，学生自身生活经验中的物体可以成为教师"可理解性语言"的素材。例如，馕、皮球是圆形的，挂毯、电视是长方形的，等等。教师的作用在于帮助学生建立"图形的抽象意义"与"文字表征"之间的联系。首先，以生活中具有同一特征的事物为图形形象特征形成的开始。例如，电视、挂毯、书本、课桌都有四个角、两条长边和两条短边，于是抽象出"长方形"的形象特征。这一过程虽然是一个形象的加工过程，但仍需要学生运用抽象的思维方式，也需要教师可理解性语言的解释。其次，在此基础上，教师帮助学生建立"长方形"的形象特征与"长方形"语义概念之间的关系，这是一个进一步抽象的过程，学生需要完成有关长方形概念的意义理解，同时将"长方形"这个名词赋予同一类形状作为名称。最后，不断强化这一过程，直到学生能够在具体具有长方形特征的事物与其语义概念之间建立足够强的语义联结，这一抽象过程才算完成。

此外，在有关"图形的运动"内容的教学中，以图形语言的使用帮助对平移、旋转等概念的理解，要优于文字语言的使用。教师使用具体的图形或道具进行这个概念实质的展示，随后将其名称例如"平移"教给学生（包括其发音、书写等），这种方式比单纯的文字语言讲解效果要好。

2. 基于数学认知学术语言表达的"图形与几何"知识运用

图形与几何问题的数学认知学术语言表达仍然以斯维恩的语言输出理论为依据，即只有进行大量有效的语言输出训练，才能保证学生真正地习得语言；只有基于语言输出训练的知识运用，才能有效地保证学生数学知识的获得。

教师依据学生对图形的相关理解，以合适的认知学术语言对相关图形特征进行表达，通过小组讨论、课堂对话的方式为学生提供足够的口语表达训练。特别是在图形的认识这一内容中，对于低年级的学生，使用口语表达的方式说出长方形、正方形等图形的特征更为容易，也更易于教师直观地了解学生掌握的情况。此外，动手操作在图形的测量中起到很重要的作用。教师为学生提供大量动手测量的任务，要求学生通过测量工具，例如，用尺子测量出日常生活中事物的长度，以此使学生体会度量单位的意义。在每次测量完成后，教师进行可理解性语言的解释，并将相应的度量单位介绍给学生，让学生感受度量的现实意义，并理解度量单位的语义含义，由此使两者之间建立联系。在此过程中，让学生通过做（动手测量）、说（说出测量结果）和写（写出测量结果）相结合的方式，提高学生图形与几何知识的语言表达能力。基于此，以课堂中的口语表达和作业中书面表达相结合的方式共同提高学生在图形与几何方面的国家通用语言数学认知学术语言表达能力。

第三节　基于BD-CALP模型思想的教学策略

本节内容基于BD-CALP理论模型中教学实施过程的媒介开发、任务设计和作业选编步骤，以提高学生数学认知学术语言的理解能力、转译能力和表达能力为出发点进行的教学策略设计，整个设计的思路如图4-1所示。媒介开发过程主要是教师输入型脚手架策略的设计，设计依据"数学理解"的内涵分析，设计了三个输入型脚手架，其目的是提高学生在数学学习中可理解性语言的输入，帮助其发展数学认知学术语言的理解能力，特别是文字语言理解能力。任务设计过程主要以互动式课堂结构的设计为主，以数学交流的方式进行，目的是提高学生数学学习中的语言加工能力、与文字相关的数学认知学术语言转译能力和语言表达能力。作业布置是对整个教学内容的练习和强化过程，课堂作业以"说"数学的方式进行，其目的是提高学生的数学认知学术语言口语表达能力；家庭作业主要以统编练习册和数学日记为主，其目的是提高学生的数学认知学术语言书面表达能力。

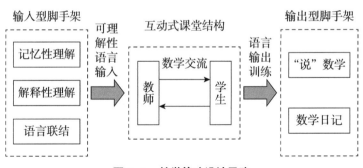

图 4-1 教学策略设计思路

一、搭建输入型脚手架：可理解性语言的输入

"脚手架"这一概念是布鲁纳等在维果斯基"最近发展区"理论的基础上提出的，主要指儿童和新手在不能独立运用某些知识和技能的情况下，通过与成人或专家的互动便可获得这些知识和技能，而成人或专家此时起到的作用类似于"脚手

架"。^❶ "输入" 指相对于学生而言的语言输入, 输入给学生的语言对学生而言是可理解性的, 教学才具有有效性。对于国家通用语言掌握不熟练的学生而言, 大量的不可理解性的语言输入将会对学习造成阻碍。因此, 教师对可理解性语言的设计是输入型脚手架的主要体现。在教学设计的规划中, 为了减少学生的语言负荷和认知负荷, 使学生能够有效地理解语言知识和数学知识, 教师在选择输入脚手架时, 需要选择有利于学生语言理解的脚手架。在设计帮助学生进行语言理解的脚手架之前, 需要明晰在数学教学中, 对数学知识理解的定义及其心理发生过程。

（一）输入型脚手架的搭建依据

搭建教师输入型脚手架, 帮助学生进行国家通用语言数学知识的学习, 以达到提高其数学认知学术语言理解能力的目的。在这个过程中, 需要明晰什么样的语言表达对学生的数学学习而言是可理解的, 其数学知识理解的过程是怎样的。在清楚了这两个问题之后, 才能提出具体的教学策略。

1. 数学知识学习中的 "理解"

对于数学知识学习中的 "理解" 不同于一般意义中的理解, 对这一理解的解释多见于心理学的观点, 比较有代表性的观点总结如表 4-1 所示:

---

❶ 王洁."脚手架理论"指导下的翻转课堂设计策略探索［J］.教学研究, 2018（3）: 81–87; 康丹, 胡利繁, 张利, 等.搭建适宜幼儿学习和发展的"脚手架"［J］.基础教育研究, 2018（7）: 76–78.

表 4-1 不同学说对"数学理解"的解释

观点	提出者	主要内容
结果说	华生、斯金纳	对概念、规则和方法的记忆；并能迅速提取用于问题解决❶
能力说	吕林海	把握数学基础知识的能力❷
过程说	皮里（Pirie）、基伦（Kieren）	一个进行中的、动态的、分水平的、非线性的发展，是反复建构的组织过程❸
表征说	喻平	对数学知识的正确、完整、合理的表征❹
表象说	陈琼，翁凯庆；翟兵	学习者先认识数学对象的外部表征，构建相应的心理表象，然后在建立新旧知识联系的过程中打破原有认知平衡；将数学对象的心理表象进行改造、整理、重组以达到重新平衡；抽取数学对象本质特征及规律❺
认知结构	李士锜	在心理上能够组织起有效的认知结构，并使之成为个人内部的知识网络的一部分❻

从以上对数学知识学习中"理解"的定义可以看出，数学

---

❶ 转引自：高峰强，秦金亮.行为奥秘透视：华生的行为主义［M］.武汉：湖北教育出版社，1999：56；李淑文，张同君."超回归"数学理解模型及其启示［J］.数学教育学报，2002（1）：21-23.

❷ 吕林海.错误分析与数学理解：基于心智表征的分析［J］.全球教育展望，2004（11）：66-70.

❸ 转引自：格劳斯.数学教与学研究手册［M］.上海：上海教育出版社，1999：131-194.

❹ 喻平.知识表征与数学学习［J］.上海师范大学学报（哲学社会科学·教育版），2002（1）：49-52.

❺ 陈琼，翁凯庆.试论数学学习中的理解学习［J］.数学教育学报，2003（1）：17-19；翟兵.论数学学习中的理解学习［D］.南京：南京师范大学，2004.

❻ 李士锜.关于数学教育心理学研究的几点思考［J］.数学教育学报，1994（2）：31-36.

知识学习中的理解即"数学理解"，包括基于对数学具体知识的正确表征、通过构建相应的心理表象，形成新的内部认知结构的过程。❶《义务教育数学课程标准》中使用行为动词"理解""了解""掌握"来阐述学生应该达到的某种认知要求。其中，"理解"主要指"认识、会"，涉及描述数学对象的特征、由来，阐述与其他事物的关系等认知过程。例如：认识中括号、等腰三角形、平行四边形等。"了解"主要指"知道、初步认识"，涉及举例说明数学对象的特征、在具体情境中对数学对象进行辨认等认知过程。例如：在现实情境中，认识元、角、分，并了解它们之间的关系；了解自然数、整数、奇数和偶数等。"掌握"主要指是否"能"的意思，主要涉及将数学知识应用于实际情境中。例如：能比较小数的大小和分数的大小等。朱黎生认为，《义务教育数学课程标准》中的"理解、了解"的认知层次，与安德森（Adderson）认知理论中的记忆过程（包括识记、再认、回忆）、布鲁姆认知理论中的识记过程是相对应的关系，三种认知过程具有相似性，并将其归为一类，命名为"记忆性理解"；将课标中"理解、掌握"的认知层次与安德森的"理解、运用"以及布鲁姆的"领会、运用"相对应，构成"解释性理解"，即这三种认知都涉及对事物基本特征的认识、与其他数学对象的关系以及对事物特征的应用等。❷

---

❶ 吕林海.数学理解性学习与教学［M］.北京：教育科学出版社，2013：77-78.
❷ 朱黎生.指向理解的小学"数与运算"内容的教材编写策略研究［D］.重庆：西南大学，2013.

在国家通用语言数学教学中，学生关于数学知识内部认知结构的构建，应该基于国家通用语言的形式。教师的输入型脚手架包括两个方面的功能：一是搭建"以国家通用语言的形式表征数学对象，构建心理表象"的脚手架，即帮助学生实现"记忆性理解"；二是搭建"建立新旧知识之间的联系、打破原有认知平衡，建立新的数学认知结构"的脚手架，即帮助学生实现"解释性理解"。

2.学生数学知识理解的心理过程

数学知识的获得过程，是一个复杂的认知过程，对于学生的国家通用语言数学学习而言，尤为如此。从数学认知发展的阶段来看，数学知识理解的过程主要包括两个阶段：

其一，与数学对象之间建立联系的阶段。李士锜认为，数学概念、原理和法则的学习，主要是建立起有效的认知结构，并内化为个体认知网络的一部分。❶奥苏贝尔（Ausubel）也认为，数学知识的学习过程就是数学符号或语言与新知识之间建立联系的过程。❷因此，数学知识学习的第一个阶段，主要表现为数学认知学术语言（符号语言、文字语言和图表语言）与数学对象之间建立联系的过程，这一过程对应于"记忆性理解"。在国家通用语言数学教学中，教师脚手架的作用在这一阶段体现为，帮助学生将国家通用语言形式的数学符号、文字、图表与数学对象之间建立联系，并构建心理表象，完成记

❶ 李士锜.PME：数学教育心理［M］.上海：华东师范大学出版社，2001：64–87.

❷ 刘红熠.奥苏贝尔学习理论及其对新课程课堂教学改革的价值探讨［J］.当代教育理论与实践，2012，4（2）：116–118.

忆性理解。从数学知识内容上看，对数学概念和命题的理解主要涉及：以国家通用语言形式表征的概念、命题与数学对象之间关系的建立。

其二，赋予数学对象以意义的阶段。在第一个阶段更多的是将数学对象与国家通用语言形式的数学文字、符号和图表之间建立关系，而将这些符号、文字和图表赋予一定的数学意义是数学学习的高级阶段，也是核心阶段。斯根普（Skemp）认为，赋予数学符号一定的意义并把握数学对象的本质，是数学知识理解学习的目标。❶ 在数学学习过程中，涉及需要"解释性理解"的数学知识时，离不开对数学对象意义的理解。在国家通用语言数学教学中，这一阶段教师的脚手架作用主要体现为在已经建立的"记忆性理解"的基础上，帮助学生形成以国家通用语言为表征形式的数学认知结构，对概念和命题赋予一定的意义，形成一定的数学知识网络。

3. 了解学生国家通用语言的最近发展区

要完成对数学知识的记忆性理解和解释性理解的认知过程，教师需要在课前了解学生目前的国家通用语言水平，特别是针对具体课堂内容的数学认知学术语言能力。教师对学生国家通用语言能力的学情分析，可以通过课前调查、平时观察等方式进行。对学生国家通用语言水平的了解，有利于教师在制订教学计划的过程中，选择合适的语言、案例、教具进行数学知识的讲解，避免课堂教学过程中，使用学生难以理解的词汇

---

❶ 马复. 试论数学理解的两种类型——从 R. 斯根普的工作谈起［J］. 数学教育学报，2001，10（3）：50–53.

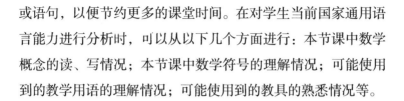

或语句，以便节约更多的课堂时间。在对学生当前国家通用语言能力进行分析时，可以从以下几个方面进行：本节课中数学概念的读、写情况；本节课中数学符号的理解情况；可能使用到的教学用语的理解情况；可能使用到的教具的熟悉情况等。

（二）搭建输入型脚手架的具体策略

脚手架的搭建除了以上依据，具体的搭建策略也是解决问题的关键。依据脚手架搭建原则，以教师输入型脚手架的方式帮助学生提高文字语言理解能力，从三个方面设计脚手架的具体策略。

1. 记忆性理解的脚手架：以国家通用语言的形式表征数学对象，构建心理表象

记忆性理解的脚手架搭建的目的在于，以国家通用语言的形式进行数学对象的表征，并构建其心理表象，帮助学生将国家通用语言的文字表征形式与数学对象之间建立联系，形成相应的心理表象。这一脚手架的搭建主要涉及以国家通用语言形式学习数学知识的初级阶段，这一阶段以语言学意义的形式完成，具体实现路径包括外生路径和内生路径两个方面。

（1）语言学意义的外生路径

外生路径主要指记忆性理解脚手架搭建的外部环境及外部环境信息。语言学意义的外生路径，一方面主要指创设语言情境帮助语言理解。语言情境是会话双方进行语言表达的外在环境，这种环境在课堂中表现为师生之间和生生之间的互动。互动情境的产生，来源于教师的创设和主导作用的发挥。提高学

生国家通用语言数学认知学术语言理解能力的前提是，有大量的可理解性学术语言的输入。而语言的输出主要通过师生之间的交流来实现，表现为教师提问、学生回答，或者学生提问、教师解答；学生之间进行小组讨论，教师予以引导和纠错。这里以"周长"的教学片段为例：

情境一：师生交流

师：刚才老师带同学们认识了什么叫"周长"（语调放缓，声音提高），现在请同学们想一想，你能举一个身边的例子，说一说它的周长（语调放缓，声音提高）吗？

生1：我家的狗围着羊圈跑了一圈，一圈就是……周……（这位同学还并不能完整地表述这个词语）。

师：周长！（语调放缓，声音提高）

生1：呃，周长！

师：对，大声说，周长！（语调放缓，声音提高）

生1：周长！

师：嗯，非常好，狗围着羊圈跑了一圈，这一圈就是羊圈的周长。××同学说了很多，不过一定要注意哦，小狗跑的这一圈是谁的周长啊？（语调放缓，声音提高）

生：羊圈的！

师：对，要说清楚哦，是羊圈的周长（语调放缓，声音提高）。

情境二：生生交流、教师引导和纠错

（教师发给每个四人小组一组图形的卡片，包括三角形、

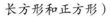

长方形和正方形）

师：老师给你们每个四人小组发了几个图形的卡片，请你们指一指它们的一周，并说一说它们的周长（语调放缓，声音提高）是什么？

此时，老师在课堂中巡走观察……

组1生1：这个是它的一圈（用手指顺着三角形的一周画了一圈），是它的……呃……什么长？

组1生2：是周长！

组1生1：呃……对，是周……长……周长！

师：对，很好，这是三角形的一周（老师用手也顺着三角形画了一圈），是它的周长。棒棒的！（对组1的同学竖起大拇指）

此外，对话过程中互动结构的适时调整，也是语言情境创设的必要条件。蓝恩特别强调教师和学生之间的互动关系。在这个关系中，为了适应学生的原有语言水平，教师和学生可以对自身输出的语言进行结构和功能的调整。而恰恰学生的语言习得就可能发生在这种语言互动的过程中。蓝恩认为，活动有利于语言的习得，互动促进了语言习得过程的发生。在上面"周长"教学的片段中，教师让学生举例和学生四人小组之间的讨论，都是学生和教师之间互动、学生和学生之间互动的表现形式。在这个过程中，学生自己的思维能力占主导，将教师刚才教的"周长"的读写和概念理解，以自己的方式进行表达，更能表现出学生对这一个概念的掌握情况。对于学生而言，这一概念的掌握不仅包括对概念的理解，还有其基本的语言学特征的掌握。对于教师而言，在整个课堂对话过程中，教师是互动过程的主导者，能够调整或协调互动过程中出现的各种问题。这一过程也体现出教师语言表达的计划性，也是为了避免交流过程中出现困难。教师互动过程中可以使用一定的"策略"，从而有利于互动过程的顺利进行，例如自我理解、解释、理解模棱两可的语言信息等。除此之外，其他的互动形式，例如重复、改述等方式，也有利于学生语言的习得。特别需要强调的是，有效的互动调整，指语言交流双方对话遇到困难时，教师通过有利于学习者的方式进行互动调整，使学生的困难性输入变为可理解性输入。其中，教师与学生之间协商式的互动比简化的互动更能有效地帮助学生的语言理解，互动调整得越频繁，学生语言习得就越快。

语言学意义外生路径的另一方面体现为充分利用课堂中的辅助信息和教具。这里的辅助信息，主要指能够帮助学生进行概念理解或陌生词汇理解的教具、多媒体信息等。辅助信息和教具的使用能够更为直观地帮助学生将概念的国家通用语言表征形式与概念意义之间建立联结，形成相应的表象形式，易于记忆性理解的产生。例如：在讲解"周长"这一概念时，教师可以准备的教具有长方形、正方形、尺子和线等。这里展示一个教师导课过程的教学片段：

教师找了几位同学在教室的空位处围了一个长方形。找了另外一位同学按照教师的指示围着长方形走了一圈。其他同学

注意观察。

此时，教师提问：刚才这位同学沿着长方形的什么走了一圈？

生：边、周围……

由此，教师引入概念"周长"。

在这个教学片段中，教师以学生作为教具，让学生自己参与教学过程，一方面提高了学生学习的积极性，另一方面也让学生直观地感受到周长的由来。教师通过让学生走了一圈，以亲身客观的方式让学生在头脑中形成了关于"周长"的心理表象，将"周长"的国家通用语言形式与其表象之间建立联系，完成记忆性理解脚手架的搭建。在辅助教具的使用过程中，一定要注意其使用的准确性，以避免没有达到预期目的。笔者在听课过程中就发现了类似的情况，教师在介绍"线段"这一概念时，随手将教室里拖把上一根线拿起来问同学们："这是什么？"教师原本的意思是在搜寻生活中的线段，期望学生回答的也是线段，结果大多数学生回答："拖把上的线。"老师顿时不知该如何讲解。这样的情况其实完全可以避免。在备课过程中，将预先展示的教具和案例提前准备好，将欲表达的语言组织好，以学生能够理解的方式提前准备好，便会有利于课堂教学的顺利进行。

（2）语言学意义的内生路径

语言学意义的内生路径，主要从国家通用语言与数学对象之间联结建立的语言学特征上把握，包括以下五个方面：

第一，减慢语言表达的速度。教师课堂中的语言表达速度是影响学生进行语言理解的因素之一。由于语言理解是需要时间的，当教师的语言表达过快时，学生还未来得及理解当前的语言信息，教师已经输出下一句的信息，导致累计信息过多，学生理解困难逐渐增多，更容易使学生形成厌学情绪。因此，适当的语言表达速度是提高学生可理解性语言输入的因素之一。

第二，降低语法复杂度。语言表达过程中，语句的语法复杂程度也是影响学生语言理解的因素之一。教师在课堂教学过程中，有意识地降低语言的语法复杂程度，尽量使用简单语句进行表达，将会有利于学生的语言理解。

第三，对必要语句或词语进行重复表述。在课堂教学中，对于新的概念和陌生的词汇，可以在表达过程中多次重复表达，以加强学生对该词汇或语句的记忆。或者可以将这一词汇或语句写在黑板上，直观地让学生看清楚，强调其正确的发音和书写。这也是帮助学生进行语言理解的方法之一。

第四，语言语调的正确把握。这里语言语调的正确把握是指在教学过程中，教师根据学生国家通用语言的掌握情况，在进行语言表达过程中，适时地调整语言表达的语调。例如：对于本节课讲授的重点概念，在每次提到的时候，可以加强语调并加以重复，一方面可以引起学生的关注，另一方面可以从侧面强调其重要性。对于小学生而言，接近式的语气、适时的语调变化，均有利于学生集中注意力于课堂知识。这里展示一个关于"周长"教学的教学片段：

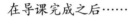

在导课完成之后……

师：刚才同学们围成了一个长方形，老师让晓丽同学围着长方形走了一圈。有同学说这是边长的和，有同学说是周围的长度……同学们都很不错啊，那老师在这里给它一个名字，叫作"周长"（此时语调提高，并同时重复，书写在黑板上）。也就是说，刚才晓丽同学围着长方形走了一圈的长度，叫作这个长方形的周长。同学们和我一起大声读"周长"。

生：周长！

第五，推理性语言的使用。推理性语言指语言表达中含有推理结构成分的句子，推理性语言的使用主要针对高年级和国家通用语言能力较好的学生。例如，使用句式"如果……那么……""如果……就……"等。推理性语言的使用，能够提高学生对知识理解的深度，同时也可以提高基于国家通用语言学习的思维方式。值得注意的是，推理性语言的使用一定是基于适当的国家通用语言能力的学生。结合最近发展区的观点，如果学生原本国家通用语言能力较弱，在数学课堂中讲授数学知识时，较难理解的推理性语言的使用反而会加深学生学习的难度，阻碍学生对认知学术语言的理解。因此，在使用推理性语言的句式时，教师需要做好充足的课前准备，了解学生的国家通用语言能力状况，设计合适和合理的语言表达，以利于学生的认知发展和数学知识的学习。

2. 解释性理解的脚手架：建立新旧知识之间的联系和新的数学认知结构

在将国家通用语言的文字形式与数学对象之间建立联系后，学生更高一级对知识的理解是将文字所代表的数学对象赋予一定的意义，并与以往经验之间建立联系，形成新的数学认知结构。在这一过程中教师的脚手架策略包括：

（1）文字语言的解释性理解。对于数学知识而言，知道数学知识与理解数学知识之间存在很大的差异。前者仅仅存在于词汇语言学特征的理解，而后者指的是对词汇或语句所代表的数学语义的理解。因此，教学目的不能仅停留于对数学词汇、概念和命题的语言学特征的学习中，而要进一步地掌握其数学意义，形成数学命题网络。这里的文字语言，指使用国家通用语言进行表达的语言形式。由于国家通用语言属于象形文字，文字笔画及结构都较为复杂，因此，学生在学习过程中，需要从简单的发音、字形、结构等过程开始学起。在数学教学过程中，较多的数学认知学术语言，对于学生而言都是第一次碰到，有的与现实生活中的表述也存在差异。例如：生活中对于重量单位一般称作"公斤"，而书面语言称作"千克"；生活中称作"公分"，书面语言却称作"厘米"等。教师在这一过程中担任起"脚手架"的功能，不同于普适性的数学教学。对于国家通用语言数学教学，应当把学生认为陌生的语言和认知学术语言均作为教学的重点。首先，教会学生"知道"这个词（或认知学术语言），包括发音、结构、书写、组词；其次，不能仅仅停留于这种简单的"知道"，要结合课堂语境，让学生

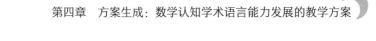

真正理解其数学含义；最后，尝试运用。这里以小学二年级上册"认识线段"为例，将其教学片段展示如下：

师：今天老师给同学们带来了一位新朋友，大家想认识它吗？

生：想！

师：好，那就请同学们打开你们桌子上的小纸袋（老师在课前提前发给每位学生一个小纸袋），我们一起把这位新朋友请出来吧！拿出小纸袋里的东西，不要用手碰，同学们用眼睛仔细观察一下。

……这是什么？

生1：线！

生2：毛线！

师：很好，它是什么样子的呢？能不能把它变直？

……

生：可以！（有的同学用手拉住线的两端将绳子拉直，有的放在桌子上，将绳子紧贴桌子拉直）

师：这样拉直以后的线和原来有什么区别？

生3：不一样了！

生4：形状不一样了！

生5：变直了！

师：很好，同学们能积极回答老师的问题，提出表扬！而且，同学们观察得很仔细，那我们就一起来看一下吧。

（教师使用多媒体进行总结演示：把线拉直，两手之间的一段就是"线段"。它就是我们今天要认识的一位新朋友，叫作"线段"。）

此时，教师有意识地将"线段"这个词作为生词进行讲解，包括线段的发音、书写和举例说明。

师：线段的样子是——直直的。（板书）

同时，将"直直的"这个词作为新词讲解，并举例说明。

教师将一条毛线拉直，同时大声说出"直直的"，并变换不同的角度给同学们展示，一边展示，一边大声地读出，并要求学生们跟着一起读。随后，教师拿出一段弯曲的毛线，展示给同学们看，并大声读出"弯弯的"，在黑板上写出"弯弯的"这个词，一边展示，一边要求同学们跟着一起大声地读出来。

这样做的目的，更加形象直观地让同学们明白了"直直的"含义，同时也认识了它的反义词"弯弯的"。

在这个教学片段中，教师预备讲解的主要概念是"线段"，在逐步引出线段的概念后，教师对"线段"这个词的教学包括它的发音、书写和举例。在后续的教学中引入线段特征的深入理解。但在这个过程中，也存在一些问题。当教师说"同学们用眼睛仔细观察一下"时，有近三分之一的学生不明白"观察"的意思。于是教师随即换了一个词"看"，即"同学们用眼睛仔细看一下"。为了不耽误课堂进度，这位教师并没有对"观察"的意思作进一步的解释。当然，如果课后有时间或课堂时间充足，教师可以利用部分时间对这些陌生词汇进行讲解。另外，在讲到线段的特征"直直的"时，对于部分同学，其理解过程可能较慢。此时，教师需要将这个词作为一个新词进行讲解，采用实物或画图的方式，将其与"弯弯的"对比来讲，效果会更好。这位教师使用了课堂中现有的毛线教具，将拉直的毛线和弯曲的毛线形象地展示给同学们看，并一边大声读出它是"直直的"还是"弯弯的"，使同学们很形象地明白了这两个特征的区别；此外，这位教师在展示的同时自己大声读出相应的词，让学生清晰地感受到词汇的正确发音；同学们的跟读又进一步让学生学会自己进行正确的发音。最后，这位老师要求同学们在草纸上尝试书写"线段"和"直直的"这两个词，而"弯弯的"这个词只要求同学们会读、会说就可以了。在小学阶段，儿童的语言接受能力较强，教师只要反复、重复地讲解或提到这个词，学生在当堂课中基本都能有效地掌握。特别是对于理解能力较弱的学生，教师可以在课堂中对其重点关注，给予较多的回答问题的机会等，均能有效地提高学生对词汇的语义理解。

（2）借助符号和图表语言的辅助功能进行解释性理解。在实证研究中发现，学生对于符号和图表语言的理解能力好于文字语言。这可能是由于符号和图表语言的通用性比较强，表达方式也较为单一，学生在学习的过程中较为容易一些。因此，在帮助学生进行文字语言理解的过程中，可以借助于一定的符号、图或表进行文字语言的理解。这种方式对于小学低年级的学生尤为有效。特别是在应用题解决过程中，可以借助一定的图表帮助学生理解题意。

例如，第一题：盒子里有9个球，小男孩又拿来了5个球，一共有多少个球？第二题：一个盘子里有 4 个桃子，另一个盘子里有 7 个苹果，问一共有多少个水果？

对于低年级的小学生，如果仅仅使用文字语言的形式呈现问题信息，题目中较多的词汇信息学生不一定能够完全理解。在这种情况下，对文字的本身不认识或不理解，必然会导致对问题题意的理解失败。因此，以图示的形式给予解释说明，能够更加形象、直观地帮助学生对题意进行有效的理解。在这个过程中，教师可以将题目的语言信息和图示信息同时展现给学生，在读题的过程中，将学生陌生的名词和相应的图示相对应。例如：读到"盒子"的时候，同时指着图示中的"盒子"，也可以附加语言的解释"盒子，装东西用的……"；读到"小男孩"的时候，同时指着图示中的"小男孩"；读到"一共"的时候，可以将图示一起画一个大圈，以提示同学们是全部的意思。以此类推，以文字语言信息与图式语言信息相结合的方式，帮助低年级的学生建立文字语言与图示语言之间的语义联结，以形象的方式帮助学生进行语言的学习，从而进一步达到对题意的理解。此外，这种方式不仅在平时的日常教学中，教师在板书或多媒体展示时，能够有效地帮助学生对陌生词汇的认识，提高其对题意理解的程度；在考试的时候也可以使用这种呈现问题的方式，帮助国家通用语言能力较差的学生理解题意。

（3）与陈述性知识学习相关的解释性理解。陈述性知识是关于事物及其关系的知识，包括事实、规则、事件等，用于回答"是什么"的问题；在数学知识中，数学概念、数学原理对应于陈述性知识。[1] 从行为表现学的角度看，陈述性知识主要指需要学生有意识地回忆出来的知识，其实质为以命题网络和图式的形式进行表征的知识。[2] "命题"是一种表达判断的语言形式，由系词将主语和宾语联系而成。例如："正方形的四条边长度相等"，这个句子就是一个命题。命题本身是由句子来进行表达的，命题并不是句子。命题与句子之间的关系类似于内容与形式的关系，命题是内容和意义，而句子是承载这些内容和意义的载体。在知识的学习过程中，最终能够进入长时记忆保持长久的知识并不是句子，而是有意义的命题。然而，在现实教学过程中，出现过这样的情况：教师将具有陈述性知识特点的知识点总结后，要求学生死记硬背，更有甚者，还要求学生抄写。这样的做法，不仅违背了学生知识学习的规律，也不利于陈述性知识的有效掌握。换句话说，这种方式，仅仅教会的是承载命题的句子，而并不是命题所富含的意义，最终导致学生知识学习的失败，无法真正地理解命题的含义，在运用的时候也无法正确使用命题。认知心理学的研究也发现，人们在长时记忆中保持的是句子的意义，而不是原先学习的词句本身。基于此，在对学生进行国家通用语言的数学教学中，尽管对数学认知学术语言和陌生词汇的语言学习是基础，但这些词汇和句子所富含的数学意义和命题才是需要学生真正掌握的关键内容。只有有效地掌握了命题本身的含义并学会运用，才能真正达到学习的目的，将数学知识长久地保持在长时记忆中。

---

[1] 顾泠沅.数学课堂教学研究［M］.上海：上海教育出版社，2010：60.

[2] 皮连生.教育心理学［M］.3版.上海：上海教育出版社，2004：64–66.

在数学学习过程中，分为两个阶段：一是数学认知学术语言的语言学习，即对数学认知学术语言中词汇和句子的发音、拼写和读写的学习；二是句子所富含命题意义的理解。这两个阶段，在学习过程中具体表现为以下几个方面。

首先，符号表征的解释性理解。符号表征，指对单个符号或一组符号意义的学习，即学习它们代表什么。在学习者的认知结构中，建立符号和它们所代表的事物或观念的等值关系，是符号表征学习的心理机制。符号语言是数学认知学术语言的主要形式之一。对于符号语言的理解要优于文字语言和图表语言，说明符号语言是一种相对较为容易掌握的语言。数学符号表征的心理机制表现为，在学生的认知结构中，建立数学符号和它们所代表的意义之间的等值关系。例如："＞"或"＜"，这两个符号最初对于学生是完全无意义的，在教学过程中，教师不断使用类似于"6＞4"这样的关系表示方式，并告诉学生符号的使用规则，即口大的一边对着较大的数，尖头的一边对着较小的数，讲解时使用学生能够理解的简单句子和词汇。多次的教学演示和使用后，学生理解了"＞"或"＜"符号的意义和使用规则。因此，"＞"或"＜"符号及其所代表的意义在学生的认知结构中建立联系，符号学习过程顺利完成。

其次，数学概念的解释性理解。概念学习属于意义学习的较高级形式，其实质是掌握同类事物的共同特征。[1] 概念获得指学生获取相应概念的过程，主要有概念形成和概念同化两种方式。例如：在第二学段中，教会学生学习"周长"这一

---

❶ 皮连生.教育心理学［M］.3版.上海：上海教育出版社，2004：105.

概念时，除了学会测量相应图形（长方形、正方形）的周长，还要学会计算；在简单的四条边相加的基础上，概括出长方形的周长可以用"长×2＋宽×2"、正方形的周长可以用"边长×4"来计算。此时，"周长"这一语言符号对于学生来说已经具有了意义。并且，这一词汇变形成了一个概念，成了代表该组概念的名词。在教学过程中，同类事物的共同特征可以由学生自主尝试发现并总结出来，教师只需要提供足够的材料和例证，这种获得概念的方式叫作"概念形成"。除此之外，也可以直接由教师呈现概念的定义，然后讲解和举例给学生，这种获得概念的方式叫作"概念同化"。教师依据具体的教学情境，选择合适的方式帮助学生进行概念意义的理解。在概念学习过程中，切勿将概念学习停留于概念名称的学习阶段，即记忆性理解阶段。概念学习和概念名称的学习是两种不同性质的学习。无论通过概念形成还是概念同化的方式获得概念，学生在这一过程中最终掌握的是一类事物共同本质特征的理解，即解释性理解。而概念名称的学习仅仅是概念符号表征的学习，也就是用符号代表概念。对于学生而言，在国家通用语言不熟练的情况下，概念符号的学习是获得概念的前提，只有掌握了概念的符号表征方式，才能进行进一步的概念获得。以"概念同化"为例，进一步阐述学生国家通用语言数学概念的获得过程。

在第一阶段中，教师读出"周长"，并实物展示或在黑板上画出长方形或正方形。针对国家通用语言不熟练的学生，需要花少量时间进行读和写的教学。这一阶段的教学主要是概念名称的教学，学生掌握这一概念名称的发音、结构和书写，即记忆性理解阶段。在第二阶段，教师逐步讲解周长的计算方法，使用实物或画出的图形来归纳和抽象出周长的计算；此时学生掌握周长这一概念的计算方法，将这一特征赋予"周长"这一名词，从而使"周长"这一名词具有了意义，概念同化过程完成。在这两个阶段中，并不是所有的学生都能顺利完成。对于国家通用语言能力较好的学生，教师可以省略第一阶段，直接进行第二阶段。具体的教学设计需要教师视情况而定。

再次，数学概念语义网络的解释性理解。语义网络是长时记忆中概念存储的方式，是对语义信息进行存贮的模型。在数学学习中，概念之间也存在层级式的联结。将概念以层级或网络的方式保持在记忆中，使其成为完整的体系，将有利于学生数学认知结构的形成。概念语义网络的形成建立在对概念的理解基础之上，是更高一层次的概括式学习，也是数学知识体系形成的重要方面。例如：在人教版小学三年级上册有关测量单位的学习中，对于米、分米、厘米和毫米之间的关系可以建立如下的语义网络：

$$\text{米} \xrightarrow{\times 10} \text{分米} \xrightarrow{\times 10} \text{厘米} \xrightarrow{\times 10} \text{毫米}$$

教师在阶段性的教学结束之后，帮助学生理解国家通用语言数学知识相关概念的语义网络，有利于学生从本质上对概念进行更清晰的认识，也有利于学生对数学知识的掌握。语义网络更容易使知识存贮在长时记忆中，不会轻易遗忘，语义网络本身也是建立在对概念的理解和概念本质掌握的基础上。因此，建立数学概念的语义网络，能够提高学生对数学知识的理解和记忆。

最后，数学命题的解释性理解。数学命题学习是数学陈述性知识学习的最高级形式。命题一般可以分为两类：非概括性命题和概括性命题。❶非概括性命题指表示两个以上特殊概念之间的关系。例如：10是5的2倍，这个命题中"10"是一个数字，"5"也是一个数字，这个命题陈述了两者之间的关系（倍数关系），且只是陈述了一个事实。概括性命题表示若干事物和性质之间的关系。例如：正方形的四条边是相等的，这里的相等关系是一个普遍性的关系。无论是概括性命题，还是非概括性命题，都是由词汇组成句子来进行意义的表达。因此，命题学习中本身也包含了符号学习和概念学习，是高于符号和概念学习的高级形式。在有关命题的教学之前，符号学习和相应的概念学习是基础。只有掌握了基本的符号和概念，才能更好地理解命题的含义。在这个过程中，仍然遵循前文提到的两个阶段，对符号和概念的语言特征的学习和进一步的语义学习，命题学习需要将这些符号和概念的关系进行更高级的整合，来进一步理解命题的含义。

（4）与程序性知识相关的解释性理解。程序性知识主要用于回答"怎么办"的问题，一般借助于作业的形式进行间接的推测，涉及相关任务的具体行为或具体操作步骤的知识。在数学知识学习中，程序性知识一般指数学方法和数学技能。前

---

❶　皮连生.教育心理学［M］.3版.上海：上海教育出版社，2004：140.

者对应于策略性知识，后者对应于数学领域的自动化基本技能。其学习过程一般分为三个阶段。第一个阶段与陈述性知识相同：首先，新的知识信息通过感知觉过程进入短时记忆；其次，激活长时记忆中的相关信息并与之建立联系；最后，形成新的意义建构。从本质上说，程序性知识的学习第一步仍然是陈述性的。第二个阶段，主要通过应用规则的变式练习，使规则的陈述性形式向程序性形式转化。❶第三个阶段，规则完全支配个体的行为，技能达到自动化的程度，是程序性知识学习的最高级阶段。相比于陈述性知识，对学生的程序性数学知识的教学更困难一些。程序性知识的教学是在学生熟练掌握相应陈述性知识的基础上实现的。因此，教师在准备教学计划的过程中，需要注意知识学习的先后顺序。在数学程序性知识中，对于小学阶段的学生而言，主要是一些基本数学技能的掌握。而技能的形成需要大量的练习，逐步达到自动化的程度后方能内化为技能。自动化的程序性知识是由充分练习后自动激活的产生式系统构成的。例如：在小学低段的两位数加减两位数的运算中，起初是要学生列竖式逐步进行计算，在大量的练习和熟练掌握运算技能后，学生可以直接进行口算。对于国家通用语言掌握不熟练的学生而言，这种基本技能的形成可能需要更多有效的训练和练习。

3.语言联结脚手架：加强不同数学认知学术语言形式之间的联结，增强语义理解

（1）搭建符号/文字语言之间的语义联结脚手架。数学本

---

❶ 皮连生.教育心理学［M］.3版.上海：上海教育出版社，2004：62.

身是建立在概念和数学符号的基础上，数学符号产生于数学学科的发展过程之中，符号化是影响数学发展的人力因素之一。从本质上说，数学是通过对现实世界中的数量关系、空间形式以及变化规律进行抽象，借助数学符号表达概念、公式、运算与推理的科学。在小学阶段，主要与数学运算为主，使用数字、运算符号（+、−、×、÷、=、<、>）、小数点、分数线等数学符号完成运算。这些符号相比于文字语言具有清晰、易于理解、准确性高等特点。对于学生而言，这类符号的掌握较为轻松。然而，问题主要表现在，当题目中以文字的形式出现问题情境时，例如数学应用题，学生较难于抽象出题目中的数量关系，特别对于语法结构较为复杂的语句情境，学生难于理解语句的意义，导致文字语言与符号语言之间的转译失败，出现错误的数量关系理解，错误的列式。例如，人教版小学三年级上册（练习册）的一道应用题：某商场做活动，购买 200 元的商品返回 30 元，购买 300 元的商品返回 40 元。妈妈去商场买了 20 个盘子，每个盘子 15 元，请问，妈妈实际花了多少钱？对于这道应用题的解答，很多同学不明白"返回"的意思，不清楚与"返回"相对应的运算应当使用减法；另外有一部分同学还认为"实际"的意思是应该花多少钱，有相当一部分同学仅仅计算了 20 个盘子的价格，却没有减去返回的钱，导致计算错误。类似的问题还很多，例如在较为简单的应用题中，"一共"往往意味着加法，"相差"往往意味着减法。但在较为复杂的应用题关系中，需要找出符合问题的关键信息。此时，"一共"或"相差"等信息就可能成为干扰项。符号本身并不具有意义，其意义是人为附加上去的。符号与其意义之间是载体与内容式的关系。因此，提高学生数学符号与其含义之间的语义联结是提高符号/文字语言之间转译能力的有效策略。

认知心理学从信息加工的角度认为，信息与信息之间的语义联结与信息获得的通道有关。对于大多数的信息获得，主要有两个感官通道：视觉和听觉。因此，数学符号与其语义之间的联结也可以从这两个通道进行分析。

一是"视觉—语义"型符号与文字语言之间的语义联结。在国家通用语言数学课堂中，以视觉的方式呈现符号和语言信息主要包括教师的板书、课本中的信息、多媒体信息、教具信息。学生通过这些方式，视觉性地获得对符号的感知，看到符号的形状、大小等物理特征。然而，这仅仅是对符号的感知，要达到对符号的语义理解，需要将符号的物理特征与语义含义之间建立足够的联结，这就需要教师在教学过程的细节之处予以策略性教学。这些策略包括：①找出数量关系，并用符号表示。在课堂教学中，特别是应用题的解答过程中，教会学生找出其中的数量关系，对数量关系以算式的方式进行表达。对于转译能力较差的学生，可以尝试先将题目中所有的数量关系列出算式，然后再选取与问题相关的算式进行解答。②讲述数量关系，强调符号的表达。教师在讲述数量关系时，注意一些细节的把握。例如：45与76的和是多少？在板书的过程中，可以先写45、76，然后说到"和"的时候，再写"+"。此时，"+"可以用不同颜色的粉笔写出来，也可以在"+"的旁边醒目地写上"和"这个字，同时大声地读出，以引起学生的注意。这样多次的细节重复，有利于学生视觉信息的符号语言与语义信息之间联结的建立。③进行足够的练习。足够的"视觉—语义"型练习是使符号与语义之间建立联结的必要途径。在不断的练习、反馈、再练习、再反馈的过程中，学生才能将符号与语义之间建立紧密的联结，并将存储于短时记忆的信息通过联系和重复进入长时记忆中。

　　二是"听觉—语义"型符号与文字语言之间的语义联结。在国家通用语言数学课堂中，以听觉的方式呈现符号和语言信息主要包括教师的语言信息、学生的语言信息和多媒体的语言信息。通过听觉的方式获得符号的发音，也通过听觉的方式获得教师对符号的解释。对于大多数符号与其语义之间的理解都是通过听觉的方式实现的。同样，教师也可以从以下课堂教学细节中实现听觉性符号与文字之间的语义联结：①口语表述数量关系。对于低年级的小学生，使用口语表述的方式完成问题的解答，有利于出声思维的训练。教师在学生表述之后进行积极反馈，学生表述正确予以肯定和表扬，并让其他同学一起重复进行表达，进一步强化正确性的表达。学生表达若出现错误，教师及时纠正，同时也让其他同学注意到这一点。长期的口语训练，可以提高学生在"听觉—语义"方式上符号与语言之间的联结，有利于符号/文字语言之间的转译。②教师讲述数量关系，强调语义含义。这一点其实与上文中的"视觉—语义"型的联结联系在一起。教师在板书过程中，必然需要口语表述符号的语义，将板书的"视觉—语义"型符号/文字语义联结与教师的口语表述相结合，才能达到较好的学习效果。在这个过程中，强调教师的语调变化，以引起学生的注意。③进行足够的练习。同样，足够的"听觉—语义"型练习也是使符号与语义之间建立联结的必要途径。在不断的练习、反馈、再练习、再反馈的过程中，学生才能将符号与语义之间建立紧密的联结，并将存储于短时记忆的信息通过练习和重复进入长时记忆中。

（2）搭建增强图表/文字语言之间语义联结的脚手架。在小学阶段，图表语言主要用于辅助问题的解决，具有直观、形象的特点。图表语言本身具有直观性的特点，并且图表语言中包含的文字信息较少。学生使用正确的文字语言进行图表信息解答的前提是图表语言与相应文字语言之间建立紧密的语义联结。具体做法如下：首先，教师在呈现图式信息和图表信息后，尝试让学生自己理解图表信息的含义，并用语言进行表述，在这个过程中，学生可以口语表述图表所表达的信息，也可以将图表信息的数量关系书写出来；其次，教师对学生的口语表述和数量关系的书写进行及时的反馈，对正确的表述予以表扬和强化，对错误的表述予以及时纠正；最后，教师进行总结，并将完整、正确的解答过程讲述或书写给学生。在这个过程中，教师需要注意重要的图表信息，例如数量关系、语速和语调、板书的强调作用等均都需要体现出来，以引起学生的注意。基于以上分析，建立语义联结的过程，需要教师在平时的课堂教学中注重细节性的教学策略。结合学生认知发展的特点，采用适时的教学策略，促进学生对符号、图表式语义信息进行长时记忆的存储。

二、建立互动式课堂结构：语言的有效加工

（一）互动式课堂结构的构成

"互动"一词来源于社会心理学，主要指参与活动各方的相互作用。互动式课堂指在课堂教学环境中，师生双方通过行动互相引发反应，并主动回应对方，通过沟通与理解，共同构建知识意义，实现共同发展的过程。❶在互动式课堂中，需要正确认识师生之间的角色关系。有学者认为，在课堂教学中，教师是课堂的管理者和指导者，起着核心的作用；也有学者认为，课堂教学应该以学生为中心，学生是课堂的主体，教师主要起到引导性作用。在互动式课堂中，由于教师和学生之间存在相互往来行为，师生之间通过交往完成信息互换、思想互换，从而实现知识建构。因此，教师和学生同为课堂的主体，双方围绕一定的知识内容相互作用和影响，形成学习共同体。❷在国家通用语言数学教学中，基于数学认知学术语言能力的发展建立互动式的课堂结构，其目的是在互动式的课堂环境中，给学生提供更多的语言学习机会，通过教师与学生之间的相互交流和共同的问题解决，加强学生数学认知学术语言理解和语言的内部加工效果，增加对课堂中所学数学知识的理解和应用。

---

❶ 叶子，庞丽娟.师生互动的本质与特征 [J].教育研究，2001（4）：30–34.

❷ 周汉锋.浅论化学课堂师生互动的特征取向 [J].新课程研究（下旬），2009（2）：126–127.

1.互动式课堂的构成要素

在以数学认知学术语言能力发展为视角的国家通用语言数学教学中，互动式课堂的结构主要包括教师、学生、教学内容和教学媒体。这四个教学结构的要素相互作用、相互联系，通过一定的教学活动逐步发展为稳定的结构。其中，语言是这四个要素之间相互作用的纽带，而学生国家通用语言的熟练性仍然是这一结构发展的关键。因此，互动式课堂需要教师灵活地掌握课堂的整体教学结构观念：当需要学习的内容语言要求较高时，教师可以调整课堂结构，以教师为主、学生为辅的教学方式，减少学生在学习时的语言负荷；当需要学习的内容语言要求较低时，教师调整课堂结构，以学生为中心，进行教师辅助学生学习的方式。在本书的互动式课堂教学中，"数学认知学术语言"是四个要素彼此联结的核心，教师和学生之间互动式语言交流、教学媒体呈现的语言信息均以国家通用语言的方式表征，教学内容以数学认知学术语言能力发展为核心。因此，国家通用语言数学教学中，更加强调基于数学认知学术语言发展的互动式课堂教学的结构。

2.互动式课堂结构的特征

（1）交互性。互动式课堂中的互动主要体现为教师和学生之间相互作用，双方的互动过程中依据对方的行为调整自己的反应。在这个师生关系中，一方面，教师会依据学生的反应进行教学进度和内容的调整；另一方面，学生依据教师的问题和要求做出相应的反应。在整个课堂进程中，教学具有一定的循环、连续性，表现为螺旋式上升的过程。学生在这个过程中，

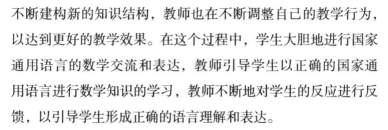

不断建构新的知识结构，教师也在不断调整自己的教学行为，以达到更好的教学效果。在这个过程中，学生大胆地进行国家通用语言的数学交流和表达，教师引导学生以正确的国家通用语言进行数学知识的学习，教师不断地对学生的反应进行反馈，以引导学生形成正确的语言理解和表达。

（2）动态性。互动式课堂教学并不是一个机械化或完全按照预定计划执行的课堂教学。在教学中，除了按照教学计划执行的课堂教学进程之外，整个课堂互动过程是一个动态变化的过程，特别是在国家通用语言掌握不熟练的情况下，教师需要随时依据课堂情境的变化而调整教学，并灵活处理可能需要解决的问题。特别是师生之间的对话交流和学生之间的合作式问题解决，整个过程较难完全按照计划进行，教师需要随时帮助学生完成正确的语言使用和探索问题解决的方法。不同的学生其互动的会话内容存在差异，教师应对的方案也迥然不同。因此，互动式课堂中的师生互动是一个动态生成的过程，需要教师的灵活处理。

3.教师和学生的职责

在以数学认知学术语言能力发展为视角的国家通用语言数学教学中，教师和学生在互动式课堂结构中分别扮演了不同的角色，也分别有自己的职责，在履行职责的前提下，互动式的课堂教学方能顺利进行。互动式课堂结构中教师的主要职责包括：准备课程内容—呈现内容—与学生进行互动式练习—及时给予学生反馈（语言反馈和知识内容反馈）—扩展知识内容。学生的主要职责包括：注意教师的内容呈现—参与由教师发起的互动式对话或者问题解决活动—自我评价语言和知识掌握情况—学会独立解决问题—知识迁移。从整个职责范围可以看出，教师和学生的职责相互交织在一起，互相产生作用。教师需要在课前做好课堂准备，对教学的内容进行计划，学生需要注意到教师呈现的教学内容，并积极参与教师发起的互动活动；随后，教师给予学生在语言和知识学习两个方面的反馈，学生由此对自己的学习情况进行评价；最后，学会独立地解决问题，并迁移到其他知识学习中。至此，完成整个课堂互动过程。

此外，在互动式课堂中，教师的行为主要表现为：进行外显性教学，构建建设性讨论环境；帮助学生建立自信；鼓励学生分享他们的观点和想法；通过提问帮助学生正确表达（你是怎么知道的？你是如何考虑的？你是怎么算的？为什么这样算？你能说出理由吗？）。学生的主要行为表现为：从同伴中获取帮助；勇敢参与对话；对他人的观点进行批判；对自己的想法和观点进行表达；等等。

（二）互动式课堂的实现途径：数学交流

互动式课堂为学生的数学学习提供了一定的国家通用语言学习机会，特别是在数学认知学术语言的转译和表达方面。针对教学实践存在的一些问题，如与文字相关的转译能力较弱、口语的表达能力较弱，特别是表达能力的精确性和简练性不高、严谨性和抽象性一般等问题，在互动式课堂中，通过"数学交流"的方式来解决。数学交流指在数学学习中，以数学认知学术语言为载体，通过语言表达的方式，教师与学生或学生与学生之间相互交换信息，理解领会数学知识的过程。蔡金法等认为，数学交流是学生学习数学的一种方式，也是应用数学知识解决问题的途径之一，学生通过数学语言与外界进行交流，从而认识世界，逐步积累知识。❶本书以"数学交流"为途径试图提高学生的数学认知学术语言口语表达能力。教师是整个数学交流过程中的主导者，在具体的课堂教学中，教师需要充分了解学生的语言发展和认知特点，从课程设计的角度积极主导交流过程的发生。作为数学交流的主导者，教师的教学策略主要体现在以下四个方面。

1. 基于学生心理发展构建积极互动的师生关系

从教学论的角度出发，现代教学论认为，教学过程本身就应该是一个师生之间积极互动、共同发展的过程，在数学交流过程中尤为如此。然而，积极互动的师生关系，建立在教师充分了解学生心理发展特点的基础之上。每个年级和年龄段的学生都有其自身的心理发展特征和认知特点，教师需要了解这一年级或年龄段学生的心理特征，在此基础上，选择合适的语言或活动与学生进行互动，并建立信任的师生关系。师生关系的有效建立，是进一步沟通和交流的关键。当学生与教师之间建立了这种信任式的关系，学生才有勇气去表达自己的观点和想法。同时，教师对学生表达的积极反馈，也会给学生带来信心。

---

❶ 蔡金法，徐斌艳. 也论数学核心素养及其构建［J］. 全球教育展望，2016，45（11）：3–12.

2. 基于学生原有的国家通用语言水平设计交流问题

由于学生的国家通用语言水平参差不齐，教师在设计交流问题时，需要考虑学生原有的国家通用语言水平。问题的理解和解决过程的表达应在学生的最近发展区内，有利于学生在教师的指导下提高其数学认知学术语言表达水平。杜丽伟认为，衡量交流问题是否有效的标尺是"解答距离"。如果解答距离太短，学生很容易解答出来，达不到提高的目的；如果解答距离太长，学生解答不出来，又会使学生产生挫败感。❶ 这也是语言习得理论中所阐述的"i+1"，交流问题所涉及的可能表达在"i+1"范围之内，在学生差一步就能够达到的情况下，教师的指导使得学生达成目标，并发展数学知识和语言能力。特别是对于国家通用语言数学教学，教师在考虑教学内容的同时，还需要结合学生的国家通用语言能力。

3. 基于课堂进程把握交流时机

课堂中的数学交流可以是教师有意识设计的教学环节，抑或是在课堂进程中教师随意发现的可以进行交流的问题。此时，教师应该把握住课堂机会，借题发挥，为学生创造交流的机会。这样的机会一般有三种情况：一是当学生对同一问题有不同的理解时，即学生之间存在认知差异，这种不同理解的认知差异可以作为引发数学交流的"感应器"，教师可以借此机会让学生展开交流和讨论；二是当学生思维开放时，教师可以把握住时机，引导学生进行数学交流，例如：对于某一问题，

---

❶ 杜丽伟 . 基于学生本位引导数学交流——"学为中心"背景下优化小学生数学交流的思考与实践 [J]. 数学教学通讯，2018（7）：31–32.

学生提出不同的解答方法时，可以借此机会展开讨论；三是当学生对问题的解答有一些新奇的想法时，教师此时可以引导学生进行交流和讨论。此外，在以上三个课堂随机的数学交流过程中，对于国家通用语言数学认知学术语言的表达是教师在数学交流过程中需要关注的重点，正确的语言表达是学生在数学交流过程中的关键。这些表达也包括用于解释和辅助数学问题解决的日常生活用语。教师对于学生错误的表达予以及时的纠正，特别是数学认知学术语言的表达，教师应该从概念的语言学特征和数学含义理解两个方面进行重点教学。在整个过程中，依据具体的情况，做到重点突出、轻重分明，充分利用课堂时间，力图做到事半功倍。

4. 基于学生的独立思考优化交流过程

在进行数学交流过程中，学生独立对问题的思考是进行数学交流的前提。在具体的课堂教学中，实施数学交流之前，教师应该引导学生独立地对问题进行思考，以此来优化数学交流过程。对于某些数学问题的解答，可以逐步引导学生以交流的方式进行：首先，引导学生先独立思考，尝试用自己的方法进行解答；然后，组织学生进行交流，讨论各自的方法；最后，统一进行评价。在这个过程中，对于学生独自的解答过程，教师不要立刻给予评价，而是留有一定的时间，让学生对回答进行比较分析，同时给其他同学充足的发言机会。

"数学交流"教学案例

以《分数的意义》一课的教学片段为例，举例阐述课堂教学中的"数学交流"。《分数的意义》中该教学片段的教学目标是使学生知道分数的由来，分子、分母的含义。教学重点是理解分数的含义。教具包括：每个小组1个信封，里面装有圆形和正方形纸片各1张；长方形纸片1张；苹果图片8张。

具体的教学过程如下：

课前互动：同学们早上好！（老师好！）很好，看到同学们今天这么有精神，老师很高兴。希望今天我们再在一起开心地学习40分钟，好不好？（好！）

导课——引入对分数的介绍

1. 分数的由来

师：老师今天带来了8个苹果（拿出8张苹果的图片），不过不能吃哦！是8张苹果的图片。大家都吃过苹果吗？

生：吃过！

师：好！那现在老师请5位同学来到讲台上和老师一起分苹果。哪位同学愿意？

（同学们纷纷举手，老师随机选了5位同学到讲台上。）

师：好，那我们就请A同学来给其他4位同学分苹果。要求是把这8个苹果平均分给其他4位同学。

（生A将8个苹果的图片给4位同学每人分了2张。）

师：同学们看看，A同学分得对不对？

生：对！

师：很好，那现在老师只给A同学1张苹果图片，请A同学把这1个苹果分给其他4位同学，该怎么分呢？

（A同学拿着这张苹果图片在思考……）

师：其他同学也可以帮他一起想办法哦！

生1：老师，老师，我知道，可以让他们一起吃这个苹果。

师：好啊，可是，老师说的是"平均"分哦！还记得"平均"吗？

生2：老师，可以把苹果分开，每人给一块！

师：嗯，大家说生2的这个办法行不行？

生：行。

生3：老师，分的时候分成一样大小的四块。

师：嗯，非常好。那我们应该怎么说呢？

生A：老师，可以不可以这样说，把一个苹果平均分成4块，每人一块。

师：对！A同学说得非常好。但是，老师想把他说的再补充一下，把一个苹果平均分成4份，每位同学1份。（着重对"份"强调，并提高声调）

（接着，教师演示将苹果图片撕成四份，给每位同学其中的一份。）

师：大家看看，这四位同学每人拿到了其中的一份苹果。我们把其中的一份，就叫作这个苹果的 $\frac{1}{4}$。

（在黑板上板书 $\frac{1}{4}$，并大声读出来）

师：这个 $\frac{1}{4}$ 的数，就是我们今天要学习的"分数"。（大声读出来，并同时在黑板上板书"分数"）

师：同学们和我一起大声读，分数！

生：分数！

师：四分之一。（指着 $\frac{1}{4}$ 大声读）

生：四分之一！

师：很好！大家仔细看（指着 $\frac{1}{4}$），这个数的写法也和我们以前写的数不一样。我们把这个横线叫作分数线（大声读，并在 $\frac{1}{4}$ 的数值上标出）；上面的数叫作分子（大声读，并在 $\frac{1}{4}$ 的数值上标出）；下面的数叫作分母（大声读，并在 $\frac{1}{4}$ 的数值上标出）。

这里完成对分数的概念介绍，主要使用到的交流方式是课堂讨论，以师生之间的交流为主。教师的主要职责是让学生了解什么是分数，包括对分数这个概念的词汇特征的学习（发音和书写），以及分数的构成。

2. 创设问题情境，加强理解

师：刚才我们是把一个苹果平均分成了 4 份，现在老师想让大家把苹果平均分成 5 份，每位同学分到多少呢？现在同学们按照座位前后桌每 4 个同学一组，讨论一下该如何分？如何说？讨论好的小组派一位同学告诉老师。

（教师在教师里走动，观察各小组的表现。）

这里呈现其中一组的对话交流：

生 1：把这个苹果分成 5 块，每位同学一块。

生 2：嗯，老师刚才说是用"份"好，应该是分成 5 份。

生 3：对，5 份，那每个同学是 1 份……这就是……

生 4：五份之一。

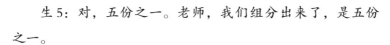

生 5：对，五份之一。老师，我们组分出来了，是五份之一。

师：嗯，不错。但要注意是五分之一，不是"份"哦。一定要注意发音，分。（这里教师对学生的错误发音予以纠正）但是好像不完整，再想想，怎样把这句话说完整了。（这里针对教学实践中发现的问题，对学生表述的不完整性进行强调，并帮助其改进）

生 3：一个苹果分给 5 位同学，每位同学分到 $\frac{1}{5}$。老师，这样说对吗？

师：不错哦，很棒！（这里给予赞扬和鼓励）

……

在每组的同学代表发言后，教师针对大家的表述进行总结，并将正确的表述板书或呈现在黑板上。对于 $\frac{1}{5}$ 的读、写予以强调。

师：那老师还想问一下，如果是分成 6 份、7 份、8 份呢？

生：那就是 $\frac{1}{6}$、$\frac{1}{7}$、$\frac{1}{8}$……

师：对！同学们说得很不错。这些就是我们今天要学习的分数。（指着板书，大声读出）

这里通过小组讨论的方式，对教师提出的问题进行了交流。教师在小组讨论过程中，对同学们的口语表述进行观察，将错误的发音或读法予以记录，并在总结时给予纠正，目的是加强学生对学术语言的正确表达。此外，在小组讨论过程中，对无法正常讨论的小组给予帮助，引导其进行交流和讨论。最后，对讨论的结果进行总结，包括概念正确的读和写、概念含义的正确理解。

（三）互动式课堂中数学认知学术语言能力发展路径

互动式课堂建立的目的在于，为基于数学认知学术语言能力发展的国家通用语言教学提供师生之间认知学术语言交流、学生认知学术语言表达训练的机会，逐步提高学生的数学认知学术语言理解和表达能力。在对互动式课堂教学的构成、教师与学生的职责和具体教学策略的分析后，以下对在互动式课堂中学生数学认知学术语言能力发展的路径进行分析，发展路径主要包括三个阶段。

第一阶段：解释。指在课堂互动过程中，教师要求学生对问题的思考进行陈述的过程。解释的目的在于学生将思考的问题外显化，而外显化必然要求学生以国家通用语言的形式进行问题思考的表述，表述的内容包括对题意的理解、解题的过程以及如何得到结果。从解释的过程中，教师了解学生对问题的理解、解题方案的选择和结果的表达，及时帮助学生修正存在的问题。这个过程体现了学生数学认知学术语言理解能力和表达能力的发展。

第二阶段：构建。指学生在听取教师的评价和其他学生的解题思路后，对自己原有解题过程的重构。在这个过程中，将他人问题解决的思路与自己的进行比较和分析，发现问题解决中存在的问题，并将正确的解题思路纳入原有问题解决的图式中，形成新的问题解决图示。构建的过程是一个内部语言加工的过程，也是认知结构和图示修改完善的过程。若学生难于独自进行问题解决新图示的构建，教师需要以脚手架的身份帮助学生重新回到解释阶段，完成解释阶段的任务，将问题解决过程外显化，发现困难所在，重新进行认知图式的构建。

第三阶段：迁移。指知识的迁移，在对问题解决的解释和构建的基础上，运用已经建立的新的认知图示解决相关问题的过程，表现为知识的运用。这一过程中，学生运用已经学会的知识，使用国家通用语言进行类似问题的解决。同时也是数学认知学术语言能力提升的表现。若这一过程中，学生出现知识迁移困难，教师需要帮助学生返回构建阶段，重新构建认知图式，学会问题解决。

三、搭建输出型脚手架：数学认知学术语言输出训练

输出型脚手架指在语言输出训练中，教师帮助学生进行数学认知学术语言的表达。本书中输出型脚手架的功能体现为：在国家通用语言的数学教学中，教师为学生的数学认知学术语言的表达提供支架，以帮助其提高数学认知学术语言的口语和书面表达能力。在教学实践中发现，学生国家通用语言数学认知学术语言的口语表达能力较弱，特别是口语表达的完整性、合规性、多样性、流畅性较弱，简练性、概括性水平均不高。在数学认知学术语言的书面表达能力方面：文字书写正确

性和解题过程的完整性较弱，书面表达的多样性、概括性和流畅性水平均较弱。针对以上问题，本书设计"说"数学的教学策略以提高学生数学认知学术语言的口语表达能力，以"数学日记"的方式提高其数学认知学术语言的书面表达能力。

（一）数学认知学术语言口语表达能力的输出训练："说"数学

有学者曾经将数学比喻为思维的体操，意思是说，数学问题的解决过程是思维活动的活跃表现形式之一。然而，如何将数学的思维过程，即问题解决过程合理地表达出来，需要学生从最初的有声思维训练开始。"说"数学，即是这种数学问题解决过程外显化的方式。具体来说，"说"数学是指在数学的课堂教学中，学生通过口语表达的方式将自己对数学对象的理解、数学问题的思考、问题解决的步骤和方法等表达出来，教师和其他同学以倾听、提问、补充或评价的方式予以回应，并展开交流的一种课堂教学策略。❶"说"数学也是构建互动式课堂的主要方式之一。

1. "说"数学在数学认知学术语言能力发展中的作用

"说"是一种语言表达方式，从语言习得和信息加工的过程看，属于语言信息的输出，即将语言内容以口语的方式进行表达。在以数学认知学术语言能力发展为视角的国家通用语言数学教学中，将数学思维活动、数学问题解决方法和过程以口

---

❶ 钟进均.基于语言学视角的"说数学"探究［J］.数学通报，2013，52（3）：11–14，17.

语的方式进行表述训练，能够有效地提高学生的数学认知学术语言口语表达能力。在传统讲授式的教学过程中，课堂教学以教师的讲授为主，教学过程中教师难于了解学生对知识的理解和掌握情况。而课堂中使用"说"数学的方式，学生将问题的思考以口语的方式表达出来，教师能够清楚地了解学生对问题的理解、对方法的选择和解决的具体过程，特别是学生在问题解决过程中国家通用语言的使用情况。教师依据学生在口语表达中的具体问题，及时进行反馈，帮助学生完成数学问题解决的口语表达。在此过程中，学习共同体中的其他同学也可以通过这种方式发现不足，并同时弥补相应的国家通用语言和数学知识。

2."说"数学的具体实施策略

"说"数学具体指在数学学习过程中，借助数学的认知学术语言（包括文字语言、符号语言和图表语言），以口语表达的方式表达数学学习过程中对问题解决的思考、疑惑和体验，以此促进知识的内化、数学思维的发展，并最终形成对知识的深刻理解。❶对于学生而言，"说"数学同时可以带来两方面的促进作用：一是增强国家通用语言的口语表达能力；二是以"说"为途径来表达数学的问题解决过程、数学学习的思考和方法等，能够促进学生思维的深入，正确地理解和掌握数学知识。"说"数学的具体策略设计包括以下三个方面：

（1）"说"数学的规则。一是目的的明确性。在国家通用语

---

❶ 林青."说"数学，让学生的思考更深入［J］.小学数学教育，2018（4）：30,38.

言数学教学中，通过"说"的方式完善数学教学，其目的一方面是提高学生国家通用语言的口语表达能力，特别是数学认知学术语言的口语表达能力；另一方面是通过"说"的方式，将数学问题解决过程外显化，使得思维过程外显化，有利于教师对学生数学问题解决能力的了解，从而进一步有效弥补不足之处，提高数学问题解决能力。二是条理的清晰性。在实证研究中发现，学生数学认知学术语言的口语表达能力存在流畅性较差、语句表达不完整、条理不清晰等问题。因此，"说"的过程中，对数学问题解决的条理性要清晰。例如，在小学一年级的数学应用题解决过程中，教师教会学生在口语表述时遵循一定的规则，包括：已知条件是什么？问题是什么？解题过程是什么？如何回答？让学生按照这样的步骤来表述问题解决的过程，在学生表述过程中，及时纠正学生的错误表述，包括错误的概念、错误的词汇发音、错误的语法；但对于错误的解题思路，需要教师的积极引导，而不要急于告诉学生正确的解题过程。三是形式的多样性。教学实践发现，学生在数学认知学术语言口语表达的多样性方面较差，较少有学生会借助图表、符号等辅助方式进行表达。因此，在"说"数学的训练过程中，教会学生借助符号语言和图表语言进行口语的问题解决表述，从而丰富学生的口语表达。此时，可以依据学生年龄段思维发展的特点，鼓励和引导学生合理地使用符号语言和图表语言进行表达。对于低年级的学生，其思维形式主要为形象思维。在一位数加减法的运算教学中，例如在"7+4=？"的教学中，教师可以引导学生以多种形式"说"出运算的方式，包括用算式、

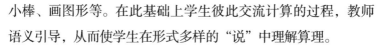

小棒、画图形等。在此基础上学生彼此交流计算的过程，教师语义引导，从而使学生在形式多样的"说"中理解算理。

（2）"说"数学的内容。一是计算过程。在小学阶段，数学运算是学生需要掌握的重点内容之一。计算教学的重点是让学生在理解算理的基础上掌握计算方法。而学生掌握的情况如何，只有通过学生的表达，教师才能够清楚地了解。通过将计算过程"说"出来的方式，一方面学生可以了解自己的不足之处，另一方面教师也能够更好地了解学生掌握的情况。在计算过程中，通过学生口述计算法则，也能够更好地提高学生的运算技巧。二是解题思路。问题解决是数学学习的重点之一。教会学生将解题的过程以口述的方式表达出来，能够训练学生国家通用语言思维形式的条理性和严谨性，同时也能够培养学生理解数量关系的能力，有助于学生更好地掌握问题解决的方法。在小学阶段的问题解决中，主要以代数应用题的形式出现，代数应用题是以文本形式呈现的、嵌套在特定现实情境中变量之间的某种量化结构。主要由问题情境、相关变量或数量之间的关系构成。在代数应用题中，包括数学认知学术语言的理解、转译和表达。在对问题的表征阶段（阅读、分析和探索），其内部的认知操作包括问题转译和问题整合，学生反复读题、寻找关键信息或画结构图，均体现为数学认知学术语言理解能力；在问题解答阶段（计划、执行和验证），其内部认知操作包括解题计划与监控、执行，学生以列式、运算和回答的方式反应，这些均体现为数学认知学术语言转译和表达能力。因此，通过"说"的方式锻炼学生对代数应用题的解决，能够全面地发展学生的数学认知学术语言理解、转译和表达能力。在本书的教学策略实施中，每个"说"数学的训练过程中，教师呈现问题解决清单，由学生按照清单的方式"说"出解题过程（如图4-2所示）。在四个问题解决的步骤中，若学生在某一步骤出现表达困难或错误，由教师及时给予帮助，帮助学生返回上一步骤，查找问题信息，重新思考。三是学习体验。在数学学习和数学问题解决过程中，让学生以国家通用语言的形式口语表达出自己的学习体会，例如：解这道题时的想法，题目中有哪些不理解的信息，你认为可能的解题方法是什么，觉得这道题是不是很难或者很容易……让学生表达出自己在学习或解题时的想法，有利于师生之间的交流，也有利于教师有效地了解学生的思维发展和心理变化，及时给予学生一定的帮助。

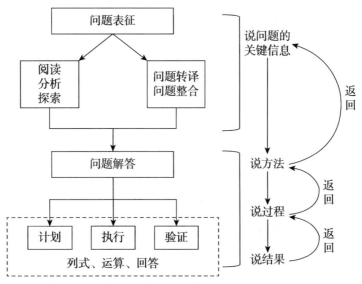

图4-2 "说"问题解决的思路示意图

（3）"说"数学的时机。并不是所有的问题都适合以"说"的方式进行教学，在教学过程中，教师有效地把握可以"说"的时机，能够更好地发挥教学效能。课堂中适合进行"说"的时机有以下三个点。一是能力的可提高处。依据最近发展区的观点和语言习得的"i+1"理论，问题的设置最好在学生努力一下就能够达到的范围内。教师依据学生的数学知识和国家通用语言能力水平，合理地设置数学认知学术语言口语表达的问题，使学生在能力可升级的范围内，在教师的帮助下，通过学习可以解决的问题才是最合适的。同时，在这个过程中，要让学生充分地感受到成功解决问题带来的成就感，以此激励学生继续努力。二是问题的冲突处。在数学学习过程中，教师需要把握住课堂教学中学生对于某一问题的解决存在争议的地方，利用这一机会创设口语表达的问题情境。让学生之间进行问题解决的讨论，可以有效地提高学生数学认知学术语言的口语表达能力和数学问题解决能力。同时，教师需要不断地引导问题解决的顺利进行，对错误表达的词汇和语言予以及时纠正和反馈。三是概念的混淆处。在数学的学习过程中，较多知识点和概念容易产生混淆。此时，教师随机地设置问题情境，引导学生对这些概念和知识点进行讨论和分析，发现相同和不同的地方，特别强调学生以口语表述的方式进行分析，以此提高学生对概念更清晰地认识和理解。

3.教师的职责

在"说"数学的教学方式下，教师的职责主要有以下六个方面：（1）提出问题并引出任务，引导学生进入对问题的思考状态；（2）仔细聆听学生的观点；（3）要求学生口头表达和证明自己的观点；（4）决定学生提出的哪些问题是需要深入讨论的；（5）决定何时提供证明信息，何时分清观点，何时引导，何时让学生去战胜困难；（6）监控学生的讨论过程，并决定何时和怎样鼓励学生参与。对于国家通用语言掌握不熟练的学生，对语言信息的理解和加工并不是自动化完成的。为了帮助这类学生更好地理解数学认知学术语言，需要老师和学生之间更多的互动。对于教师而言，在这一过程中的教学技能主要有以下两个方面：一方面，帮助学生"说出来"，帮助学生建立课堂合作小组，鼓励学生在与同学讨论之前将要解决的问题信息大声读出来，随后再与小组同学分享自己的反应、问题、困惑和建议；另一方面，"延伸式简述"，在这种方式中教师鼓励学生在学习策略过程中使用"想象"，学会将问题的文本信息与自己的经验联系起来。

综上所述，"说"更多的是以讨论的方式进行，在课堂讨论过程中，如何提高学生的讨论能力是至关重要的，教师在教学的过程中也应该提供给学生更多参与讨论的机会，以达到数学认知学术语言输出训练的目的。

（二）数学认知学术语言书面表达的输出训练：数学日记

书面表达能够反映出学生对问题理解的程度、问题解决的过程、语言表达的精确性程度等。将书面表达引入课堂的方式之一是"思考—说出—书写"式的教学技术。这一方法允许学生有时间对自己的想法进行概念式的表述，在几分钟的安静思考之后，学生以小组讨论的方式将自己和他人观点进行分析，这种在书面表达之前先让学生说出来的方式，能够使学生的书面表达更具有逻辑性。然而，国家通用语言的书面表达对于学生而言较为困难。教师需要教会学生如何进行书面表达，教师通过对任务目的的解释、一般的书写格式、正确的方法、图表的使用、证据的表达等教会学生使用书面表达。对于学生而言，如果能够有效地理解数学问题的题意，并能口头表达出问题解决的思路和过程，那么，有效地提高其书面表达能力，将是提高数学认知学术语言能力和数学成绩的关键所在。在教学实践中发现，学生在书面表达中存在书面表达的精确性、正确性、多样性和解题过程的完整性较弱的问题。针对这些问题，提出以"数学日记"的方式发展学生数学认知学术语言书面表达能力的教学策略。

1. 数学日记的内涵

数学日记指学生以日记的形式记录数学学习的内容、收集学习过程中的相关信息，进行反思和自我分析的写作活动。❶在以数学认知学术语言能力发展为视角的国家通用语言数学教学中，数学日记是学生使用国家通用语言记录和整理数学学习过程中的学习内容、学习体验的写作活动。这种以日记形式进行的数学写作，目的是提高学生的数学认知学术语言书面表达能力。对于小学阶段的学生而言，数学日记的写作能够强化数

---

❶　徐美新，吴宏．指向深度学习的数学日记写作［J］.齐鲁师范学院学报，2019，34（2）：66–74.

学知识的内化、巩固数学概念、计算等表达。教师以输出型脚手架的身份参与学生的数学日记写作，对学生的数学日记进行及时的反馈，数学日记成为学生和老师之间数学交流的工具。同时，数学日记可以记录学生在数学学习活动中的思考和认识，包括对数学对象的理解、运用，将数学对象与生活经验相联系，可以有效地增强学生对自我的监控和评价能力，增加学生的元认知能力。

2. 数学日记的作用

数学日记作为一种独特的数学写作方式，得到了以英语为通用语言的数学教学的认可，如前文中所述的萨拉老师，让学生使用英语进行"数学日记"的教学方法，仅仅用了几个月的时间就大幅度地提高了通用语言水平较低学生的数学成绩。这种教学效果的有效性主要来源于数学日记在数学教学过程中的独特作用。一方面，数学日记是教师与学生之间书面语言沟通的桥梁。学生以日记的形式将自己学习数学知识的内容、过程、想法和体验以书面的形式写出后，教师可以通过学生的书面表达情况，了解到学生关于数学知识学习的具体情况。例如：相关的国家通用语言的书写和运用、语法的正确表达、对数学问题的理解情况、问题解决的方法和思路以及数学运算等。依据具体情况，教师对学生的问题进行总结和反馈，在下一个教学目标中强化具体的问题。另一方面，数学日记能够暴露出学生书面语言表达中存在的问题。知识的学习是一个不断内化的过程，通过将外界的信息不断地内化为自己的认知结构，而是否合理地内化或成功地学习了知识，需要以某种方式

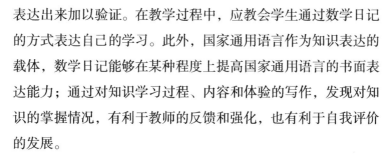

表达出来加以验证。在教学过程中，应教会学生通过数学日记的方式表达自己的学习。此外，国家通用语言作为知识表达的载体，数学日记能够在某种程度上提高国家通用语言的书面表达能力；通过对知识学习过程、内容和体验的写作，发现对知识的掌握情况，有利于教师的反馈和强化，也有利于自我评价的发展。

3. 数学日记的类型

一是学习体验提纲。例如，这周我学到的最喜欢的数学知识是……，我认为最难的部分是……，我希望老师能再讲一遍的是……二是问题解决过程提纲。例如，这道题的关键信息是……，有什么样的关系……，采用什么样的计算方法……，结果是什么……三是自由写作。自由写作的方式指数学日记的方式具有随意性。教师不为学生指定题目和提纲，学生自由地写出有关数学学习的任何想法和经历。这种情况一般是在学生掌握了一定的数学日记的写作规范后进行的写作方式。

4. 教师的输出型脚手架功能

数学日记是学生语言输出的一种书面表达形式，教师在这个过程中以输出型脚手架的形式出现。这一脚手架的功能主要体现为：给学生提供数学日记的提纲，对学生数学日记给予及时反馈，给予相应的鼓励。特别是在反馈信息中，及时纠正语言书写和表达错误，帮助学生形成正确的问题解决方法和思路。对于积极参与数学日记写作的学生给予鼓励和肯定。

第四节　教学方案设计案例

一、以"认识分数"一课为例的教学方案设计

【内容简析】

该部分内容是在学生掌握了整数知识的基础上，初步认识分数的含义。"分数"这个概念在意义、读写上与整数有很大的差异，对于学生而言是陌生的概念。因此，课程内容以实际生活经验为出发点，在引导学生动手操作的基础上，帮助学生理解分数概念的意义。

【教学目标】

1. 语言目标

（1）能够理解以国家通用语言形式表达的分数意义（数学认知学术语言的理解）；

（2）能够正确地使用国家通用语言读出分数，能够读出分数各部分的名称（数学认知学术语言的口语表达）；

（3）能够正确地使用国家通用语言写出简单的分数（数学认知学术语言的书面表达）；

（4）能够依据图形意义或实际操作的实物以分数的形式进行表述（数学认知学术语言的图形语言与符号语言之间的转译）。

2. 内容目标

（1）能够理解把一个图形或物体平均分成若干份，其中的一份可以用分数来表示，并能用动手操作的结果来表示分数；

（2）能够比较分子都是1的两个分数的大小；

（3）在学生的动手操作中，培养学生自主学习和探索问题的精神，并在此过程中获得问题解决的成功体验。

【教学重点】

（1）认识分数中的几分之一；

（2）以国家通用语言的形式进行分数的读、写；

（3）比较分子是1的分数的大小。

【教学难点】

（1）分数的理解：正确理解几分之一；

（2）分数的比较：正确比较分子是1的分数大小；

（3）以国家通用语言的形式进行分数的口语表达。

【教学过程】

整个教学过程中，教师尽量以学生能够理解的国家通用语言进行表达，放慢语速、减少复杂语法句子的出现。

1. 创设情境、引出问题

教师展示PPT或者图片（图片内容：两位同学在草地上玩耍，地面上有一些吃的，包括两杯奶茶、四个苹果和一个西瓜）**【建立互动式课堂结构】**

师：今天，小A和小B两位同学出去玩耍，他们带了一些好吃的，同学们看看都有什么好吃的？

生：西瓜、苹果、奶茶。

生：一个大西瓜、四个苹果、两个奶茶。

师：嗯，同学们说得很好，不过有一个小错误哦，是两杯（音量放大、语速放慢）奶茶，而不是两个哦！【随时发现学生的语言表达错误，并予以及时纠正——输入型脚手架】

生：两杯！

师：对，杯！

师：好！那老师想问一下同学们，如果把这些好吃的分给他们两个人，怎样分他们才能一样多（放慢语速）呢？或者说，我要把这些吃的平均分给他们，该怎么分呢？（老师板书"平均分"）【输入型脚手架】同学们四人一组讨论一下这个问题。

教师在班里巡走观察，观察每组的讨论情况，并提醒学生每种吃的都要平均分给这两位同学。三分钟后，教师对同学们的讨论进行总结。

师：嗯，同学们的发言都很好，下面我们一样一样地给他们分。四个苹果可以每人分两个；两杯奶茶每人分一杯。一个西瓜，西瓜只有一个啊？

生：每人半个！

生：一人一半！

……

师：对！很好！但是，每人半个，我们该怎样用数字来表述呢？

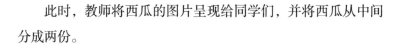

此时，教师将西瓜的图片呈现给同学们，并将西瓜从中间分成两份。

师：同学们看，一个西瓜从中间分成了两份，他们每人吃一半，我们把这一半就叫作一个西瓜的 $\frac{1}{2}$。（放慢语速、提高声调）

教师在黑板上板书 $\frac{1}{2}$，同时告诉学生，这就是我们今天要学习的分数（提高语调），在黑板上板书"认识分数"。

【设计意图】以形象的方式引入对分数的认识，建立分数的形象表征与抽象概念之间的联系，让学生初步了解分数的意义。教师语言表达的速度、简单易懂的表达内容能够成为学生可理解性的语言输入材料，提高学生对材料意义的理解性。

2.认识分数、加深理解

（1）教师展示 PPT 或图片呈现"西瓜"，再一次进行表述。加强学生对分数的理解和对 $\frac{1}{2}$ 的口语表达。

师：我们把一个西瓜从中间平均分成了两份，让这两份一样多，左边的一半是这个西瓜的 $\frac{1}{2}$，那右边的一半呢？

生：右边的一半也是 $\frac{1}{2}$。

师：好，那同学们同桌之间互相说一说，一定要大声说出来哦。

此时，教师观察同桌之间的表现，鼓励没有大声说出来的同学，并对出现的错误及时纠正。【输出型脚手架】

【设计意图】在理解"$\frac{1}{2}$"的基础上，鼓励学生用正确的国家通用语言进行分数的口语表达，以提高其口语表达能力。这种练习可以反复重复多次。这里是输出型脚手架的体现。

（2）教师书写"$\frac{1}{2}$"或课件演示，要求学生仔细观察，教会学生各部分的名称，并要求学生大声读出各部分的名称。（可反复或举其他例子）

师：每一个分数都有三个部分组成，中间的线叫作"分数线"，分数线上面的数字称作"分子"（提高声调，并板书），分数线下面的数字称作"分母"（提高声调，并板书）。

（3）教师要求学生试着在本子或稿纸上写出分数，并标出分子、分母和分数线。教师巡视、检查，并对出现的错误予以纠正。

【设计意图】在学生能够读出分数及其各部分名称的基础上，鼓励学生使用国家通用语言正确地书写分数及各部分名称，以提高其书面表达能力。

（4）要求学生使用提前准备好的各种图形的纸，使用涂色或折叠的方式表示出各种分数，从对$\frac{1}{2}$的理解，延伸到$\frac{1}{3}$、$\frac{1}{4}$等，以此加强学生在动手过程中对分数的理解，并同时体会问题解决后的成功体验。

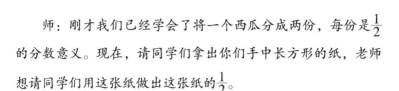

师：刚才我们已经学会了将一个西瓜分成两份，每份是 $\frac{1}{2}$ 的分数意义。现在，请同学们拿出你们手中长方形的纸，老师想请同学们用这张纸做出这张纸的 $\frac{1}{2}$。

（同学们有的折出 $\frac{1}{2}$，有的剪出了 $\frac{1}{2}$……）

师：很好，那老师再出一个问题，能用这张纸做出它的 $\frac{1}{4}$ 吗？请同学们四人小组一起讨论这个问题。

五分钟后，教师对同学们的讨论进行总结。学生由此在操作过程中学会 $\frac{1}{3}$、$\frac{1}{4}$、$\frac{1}{5}$ 等的含义和表述。

【设计意图】加强学生对 $\frac{1}{2}$ 的延伸性理解，增强学生对分数意义的理解和运用。这部分的设计同样体现出对认知学术语言的理解、表达和运用。

（5）要求学生完成"想想做做"中的第 1 题，并对解题过程进行详细分析和解释。

3. 自主探索、学会分数的比较

（1）借助上面将长方形纸分成的 $\frac{1}{2}$ 和 $\frac{1}{4}$，让同学们比较两部分的大小。教师要求同桌之间进行讨论。

师：通过这一比较，同学们发现了什么呢？
生：……

教师引导学生进行讨论，并通过学生们的回答进行总结。

教师观察学生的讨论，对错误的口语表达予以及时纠正。

（2）完成练习第3题，并对解题过程进行详细分析和解释。

4.总结及作业

教师展示课本第6题。

师：这是生活中的分数，所以，同学们看看，是不是我们的生活中除了整数，还有分数啊？

生：是。

师：那么，今天这节课同学们都有什么收获呢？老师要求每位同学回去写一篇"数学日记"，写一写你在生活中哪些时候遇到了分数。

【设计意图】增强学生对分数内容的国家通用语言的书面表达能力，同时也是学生有关分数问题解决过程外显化的方式，能更好地帮助学生提高数学认知学术语言理解和表达能力。通过大量的语言输出性练习，教师一方面了解学生是否有效掌握分数的意义，另一方面外显化的表达训练也可以提高学生对分数的理解和运用能力。

【教学评价】

评价结合教学目标，对学生在分数意义的理解和运用以及使用国家通用语言进行正确的口语表达和书面表达方面进行评价。教师可以通过课堂观察的方式了解学生对分数的理解以及口语表达能力；通过家庭作业和数学日记的写作了解学生对分数的理解、运用和书面表达能力。

二、以"长方形的周长计算"一课为例的教学方案设计

【内容简析】

该部分内容是在学生认识了长方形及其周长意义的基础上进行的教学。通过对长方形周长问题的理解，让学生探索周长的计算方法，在体会数学与实际生活相联系的过程中感受数学思考的价值；培养学生主动探索问题的能动性，为今后其他平面图形的学习奠定基础。

【教学目标】

1. 语言目标

（1）能够理解以国家通用语言形式表达的长方形周长的概念及其计算方法（数学认知学术语言理解能力）；

（2）能够使用国家通用语言依据图示或文字信息的描述列出相应长方形周长的算式（数学认知学术语言转译能力）；

（3）能够对相应长方形周长的计算过程进行正确的国家通用语言口语和书面语言表达（数学认知学术语言表达能力）。

2. 内容目标

（1）学生通过探索长方形周长的计算公式，能够熟练地计算长方形的周长；

（2）能够解决有关长方形周长计算的简单问题。

【教学重点】

（1）探索并掌握长方形周长的计算方法；

（2）对长方形周长相关问题解决的国家通用语言口语和书面语言表达训练。

【教学难点】

使用国家通用语言文字进行周长的计算并解决实际问题。

【教学过程】

整个教学过程中，教师尽量使用学生能够理解的语言进行表达，放慢语速、减少复杂语法句子的出现。

1.创设情境、引出问题【构建互动式课堂结构】

要求同学们拿出提前准备好的两个大小不同的长方形和两根细绳子。

师：我们上节课讲了长方形的周长，老师想请同学们讲一下什么是长方形的周长？【搭建输出型脚手架】

（学生们纷纷讲述了上节课学过的这个概念。若有同学还不理解，教师此时再简单复习一下。）

师：嗯，同学们很不错，说得都很好。下面老师想请同学们动手做一做。用你桌子上的两根绳子，分别将两个长方形围起来。（老师给同学们示范"围起来"的意思）【搭建输入型脚手架】然后，比一比，两个长方形的周长一样吗？四人为一组一起做这个问题，然后互相说一说。

教师在教室中巡视、观察、鼓励小组同学互相进行口语交流，并对有错误语言表达的同学予以及时纠正。【输出型脚手架】

【设计意图】通过设计一根绳子围绕长方形的方式，让学生进一步直观地感受长方形周长的意义；并通过比较两个长方形周长的不同，让学生初步体会不同大小图形周长的差异。通过四人小组的讨论，鼓励学生边动手做，边口语表达做的过程和发现的结果，以此锻炼学生问题解决过程中的数学认知学术语言的口语表达能力。

三分钟后，教师对学生小组的回答进行总结。

师：很好，同学们通过两根绳子的比较，发现两个长方形的周长不一样，哪个周长更长一些呢？

生：大的长方形！

师：很好，那老师还想问一个问题，如果我想知道这个周长有多长，该怎么办呢？

师：这就是我们今天要学习的《长方形的周长计算》。（板书在黑板上，并大声读出）

2. 自主探索、发现方法

同学们纷纷发言，有的说，可以用尺子来量一下绳子的长度，有的说可以用尺子量一下每个边长，然后加起来……

教师对同学们的方法进行总结。

师：同学们说的这些方法很好，但是，万一尺子不够量了怎么办呢？比如，这道题（教师在黑板上呈现题目：一个长方形，长5分米、宽3分米，求长方形的周长）。请四人为一小组，讨论一下，看能不能算出来。

同学们开始讨论，教师在教室里巡视。教师只对在语言表达过程中出现的错误及时纠正，但不纠正错误的计算方法。

【设计意图】通过让学生自主探索的方式，发现长方形周长的计算方法，提高学生的主动思维能力。以让学生讨论的方式，给学生更多的口语表达机会，训练学生问题解决的口语表达能力。

随后，教师选取了四个小组的代表到黑板前板书他们的计算方法。可能的四种计算方法包括：

方法一：$5+5+3+3=16$（分米）

方法二：$5+3+5+3=16$（分米）

方法三：$5×2+3×2=16$（分米）

方法四：$(5+3)×2=16$（分米）

教师要求上台的四位学生分别解释自己计算方法的原因和过程。（算一算，说一说）

【设计意图】进一步给学生，特别是国家通用语言口语表达能力较弱的学生提供口语表达训练的机会。学生此时在黑板上的板书，也为学生提供课堂中数学认知学术语言书面表达的机会，教师对错误的书面表达及时予以纠正。这种纠正可以是面向全班同学的。

3.引导比较，优化方法

随后，教师对学生的解题方法予以总结。

师：同学们的这些方法都很好，都能够算出长方形的周长。那么，你们喜欢那一种方法呢？哪一种最简便呢？

同学们讨论发言，教师予以评价。

【设计意图】在这个环节中，引导学生对每一种计算方法进行分析和比较，一方面让学生体会问题解决方法的多样性，另一方面引导学生逐步优化问题解决的方法，体现思维方式的提升。在这一过程中同时强化学生的口语表达能力。

课堂小结：同学们可以用自己喜欢的方法进行计算。老师提出问题，求长方形的周长必须要知道哪些条件呢？

学生讨论发言，教师总结。

4.课堂练习，巩固新知

教师抽取课本中的习题，让学生在课堂中练习。

【教学评价】

评价结合教学目标，是对学生在长方形周长的计算方法及其使用国家通用语言进行解题过程的口语表达和书面表达的评价。通过课堂观察的方式评价学生的口语表达能力，通过家庭书面作业或数学日记的形式评价学生对长方形周长计算方法的掌握，及其书面语言表达能力。

以上内容从具体的数与代数问题、图形与几何问题两个方面介绍了基于认知学术语言发展的国家通用语言数学教学设计思想。将这一思想总结如下：

（1）以国家通用语言数学认知学术语言能力的发展作为教学目标之一；

（2）以基于数学认知学术语言能力发展的知识教学作为教学内容之一；

（3）以国家通用语言数学认知学术语言能力评价作为教学评价的内容之一；

（4）在教学过程中，建立互动式课堂结构，采用教师输入型脚手架、数学交流、输出型脚手架（说数学和数学日记）的教学策略。

综上所述，本章内容提出了基于数学认知学术语言能力发展的教学方案，这一教学方案包括基于数学认知学术语言能力发展的教学目标、教学内容、教学策略和教学评价，并对数与代数、图形与几何两大内容的教学方案设计进行了分析。最后，生成了基于数学认知学术语言能力发展的教学方案模式，笔者将这一模式总结为基于数学认知学术语言能力发展的教学方案模式，如图4-3所示。这一教学方案模式主要包括以下内容：

第一，学情分析。这一分析主要包括两个方面：一方面是具体课程内容的分析，即依据《义务教育数学课程标准》的知识内容分析；另一方面是学生与课程知识学习相关的国家通用语言掌握情况的分析，即相应数学认知学术语言的分析。这一学情的分析，能够帮助教师形成适切的"语言与数学知识"整合式教学目标，有利于教学方案设计的形成。学情分析的内容

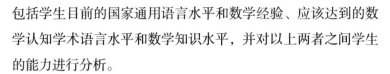

包括学生目前的国家通用语言水平和数学经验、应该达到的数学认知学术语言水平和数学知识水平，并对以上两者之间学生的能力进行分析。

第二，语言与数学认知的矩阵设计。依据卡明斯的"语言与数学认知矩阵设计"理论，对课程内容中的认知学术语言水平与数学认知水平进行矩阵式设计，当认知学术语言水平高于数学认知水平时，教学的重点应该先语言后数学知识，在确保语言不产生认知负荷的情况下进行数学知识教学。当所需要的认知学术语言水平低于数学认知水平时，教学的重点应该放在知识内容上，教师需要确保可能产生语言负荷的语言信息的出现。这一矩阵设计的目的在于依据认知学术语言水平和数学认知水平的教学计划的生成。

第三，教学策略的选择。教师依据学情分析和"语言与数学认知的矩阵式"设计，选择合适的教学策略。包括：教师输入型脚手架的选择、互动式课堂结构的构建和输出型脚手架的搭建。其中，互动式课堂是基于数学认知学术语言能力发展的国家通用语言数学教学的外部环境，教师和学生通过"数学交流"的形式构建这一课堂环境，这一课堂教学方式有利于语言能力的发展。教师通过输入型脚手架的搭建，为学生提供可理解性语言输入；通过"说"数学和数学日记的方式为学生提供大量的语言输出训练，以提高学生的数学认知学术语言能力。

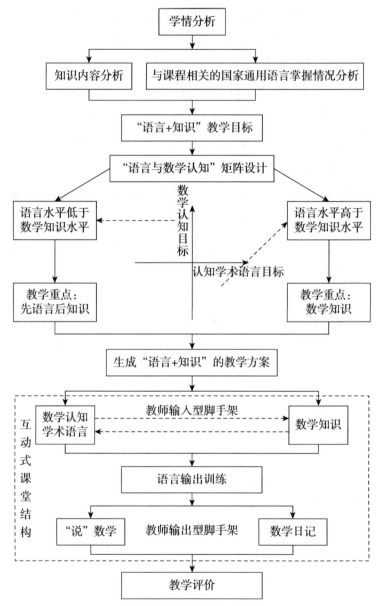

图 4-3　基于数学认知学术语言能力发展的教学方案模式

第五章 结论与启示

　　基于卡明斯在通用语教学中提出的"发展学生认知学术语言能力，以提高其通用语学科成绩"的观点，本书首先对数学认知学术语言能力的概念，以及认知学术语言能力与国家通用语言数学教学之间关系进行分析，提炼出数学认知学术语言能力的核心成分。在基于语言习得理论、信息加工理论、最近发展区理论和"课语整合式学习"理论的基础上，提出了国家通用语言数学认知学术语言能力发展（BD-CALP）的理论模型。在这一模型的指导下，设计了基于认知学术语言能力发展的教学方案。

第一节 研究结论

　　本书基于 BD-CALP 模型的教学策略能有效地提高学生的数学认知学术语言能力。这一教学理论主要体现在四个方面：
　　首先，教师可理解性语言输入脚手架的搭建，为提高学生可理解性语言的输入，提升学生的数学认知学术语言理解能力提供理论支持。三种搭建方式包括：（1）以国家通用语言的形式帮助学生进行数学对象的表征，并构建其心理表象；（2）帮助学生建立新旧知识之间的联系和新的数学认知结构；（3）加强不同数学认知学术语言形式之间的联结、增强语义理解。这三种输入型脚手架能够由浅入深地为学生的语言理解搭建支架，特别是数形结合教学中符号语言、图表语言与文字语言之间的联结，教师不断地强化它们之间关系的建立。通过关注能力较弱的学生，给予他们更多的课堂交流机会和表达训练机会，帮助他们完成这一关系的联结。

其次，互动式课堂组织结构能够为提高学生的数学认知学术转译能力和表达能力提供支持。通过课堂互动式的数学交流，在教学策略设计中从两个方面提高学生的这一能力：一是增强符号语言与文字语言之间的语义联结；二是增强图表语言与文字语言之间的语义联结。这一联结通过教师在教学过程中帮助学生进行"视觉—语义"型和"听觉—语义"型符号、图表与文字之间语义联结的建立来实现。具体来讲，教师在教学过程中通过反复强调、练习等方式不断强化学生理解符号、图表与文字之间的语义关系。

再次，通过搭建输出型脚手架的教学策略为提高学生的数学认知学术语言口语表达和书面表达能力提供支持。在教学策略设计中，以"说"数学的方式为学生提供课堂口语表达训练，鼓励学生说出解题思路，教师及时反馈，以提高学生的口语表达能力；以加强概念、符号的书写，鼓励学生写出解题思路、适当的"数学日记",以及教师及时反馈的方式提高学生书面表达能力。针对不同层次学生的语言水平,采用不同的数学日记方式。针对能力较弱的学生的"前测性数学日记",对将要学习知识的语言进行预习,减少学习时的语言负荷;针对其他学生的"问题解决提纲式日记",以书面表达的方式进行问题解决过程的分析,提高学生的问题分析和书面表达能力。

最后,"语言与数学知识"整合式的教学设计为提高教师的教学效率提供理论支持。"语言与数学知识"整合式的教学设计将国家通用语言数学认知学术语言的掌握作为教学目标之一,将语言教学作为教学内容之一,将对语言掌握情况的评价作为教学评价之一,提高教师对学生国家通用语言学习的重视程度,为教师的有效教学提供了策略的支持。在教学设计中将语言与数学知识学习的矩阵关系进行合理规划,教师以输入型脚手架和输出型脚手架的方式帮助学生减少语言负荷,特别是针对能力较弱的学生将语言与数学认知从矩阵关系中低语言、高认知水平顺利过渡到高语言、高认知水平,以完成语言和数学认知的同步发展,提高学生的数学成绩。

第二节　研究启示

基于数学认知学术语言能力发展的教学方案,能够为提高学生数学认知学术语言能力和数学成绩提供理论支持。本书对国家通用语言数学课堂教学改进提供以下启示。

（一）基于认知学术语言能力发展的教学成为国家通用语言数学教学困境的突破口

本书提出了"基于认知学术语言能力发展的教学方案"，从认知学术语言能力发展的视角进行国家通用语言数学教学，成为此类教学困境的突破口，也为国家通用语言教学带来新的理论和实践视角。

1. 教师正确处理国家通用语言认知学术语言与日常生活用语的关系

本书在有关认知学术语言的概念分析中，详细地介绍了认知学术语言的定义。基于认知学术语言能力发展的国家通用语言教学，首先需要教师能够对"认知学术语言"有清晰的概念认知，并能够准确地将其与日常生活用语进行区分。例如，数学认知学术语言主要以符号语言、文字语言和图表语言的形式进行表征，具有精确性、严谨性、抽象性和简练性的特征。在课堂教学中，教师正确地区分认知学术语言和日常生活用语，并正确地使用认知学术语言，可以有效地帮助学生形成基于数学认知学术语言发展的数学思维。

数学认知学术语言的习得过程包括可理解性语言的输入、语言转译的获得和语言表达训练。在这三个过程中，教师的职责在于以脚手架的身份帮助学生正确地学习相应认知学术语言。然而，实际教学中教师的教学语言表达不可能完全是认知学术语言。此时，需要使用适当的日常生活用语帮助学生进行认知学术语言的学习。例如，在可理解性语言输入中，教师需要使用学生能够理解的语言进行相应概念、公式或定理的解释，抑或案例的枚举。此时，恰当的日常生活用语可以有效地帮助学生进行语言的理解。但在这个过程中，教师需要注意，日常生活用语必须是学生熟悉的语言。否则，不熟悉的语言仍然会成为学生学习的负担，导致较差的教学效果。因此，教师在课堂教学中正确地处理认知学术语言和日常生活用语的关系，能够保证国家通用语言课堂教学的顺利实施。

2.将国家通用语言数学认知学术语言能力的发展作为教学重点

学生的"能力"发展是教学的最终目标。因此，在基于认知学术语言能力发展的国家通用语言教学中，教学重点应该是学生认知学术语言能力的发展。国家通用语言数学认知学术语言能力包括三个维度。（1）语言技能维度：听、说、读和写；（2）语言能力维度：语言理解能力、语言转译能力和语言表达能力；（3）语言功能维度：寻找关键信息、分类和比较、推理、证明和问题解决。由于语言技能维度和语言功能维度与语言能力维度存在交互关系，在本书中，以语言能力维度为认知学术语言能力的核心。三种形式认知学术语言能力中，数学认知学术语言的理解能力是进行数学知识学习的第一步，也是关键一步。这种理解能力包括阅读理解能力和听力理解能力，学生能够理解以国家通用语言的形式进行的数学问题表征，这一过程的发生，关键在于教师将问题以学生可以理解的形式进行描述。这就需要教师在课前进行相应的教学设计和教学策略的选择。学生在语言理解的基础上，才能进一步地发展语言转译能力，这种能力包括学生能够在不同的语言形式之间进行转换，也包括学生能够将问题的表征以数学算式的形式进行表达。教育工作者应该将教学难点放在与文字信息相关的数学问题解决中。在学生语言转译完成后，需要将计算或解答的结果进行表达，这便涉及认知学术语言的表达能力，这种能力包括书面表达能力和口语表达能力。为学生提供足够的书面表达和口语表达的机会，同时给予积极的反馈，可以有效地提高学生的认知学术语言表达能力。

基于此，在数学知识的学习过程中，本身也包含数学语言的学习，数学语言是一种特殊的语言形式，可以用于描述和解释世界。在数学认知学术语言能力中，发展学生的国家通用语言数学认知学术语言理解能力、语言转译能力和语言表达能力可以成为国家通用语言数学教学的重点内容。基于数学认知学术语言能力发展的数学教学，将语言能力发展和数学知识内容相结合，逐步使学生形成基于国家通用语言数学认知学术语言的数学思维，最终达到数学能力的发展。

3. 为学生国家通用语言数学认知学术语言能力提供发展条件

在真实的教学环境中，学校、教师和家长都可以为学生提供国家通用语言学习机会。而认知学术语言的学习主要发生在学校和与知识学习有关的场所。数学认知学术语言能力的发展也主要集中于课堂学习和课后的作业训练。因此，教师应该积极把握课堂教学，充分有效地利用有限的课堂时间，发展学生的认知学术语言能力。这就需要教师具有一定的语言敏感性，能够灵活地把握住发展学生数学认知学术语言能力的机会，激发学生的学习积极性，并及时地给予反馈。学校也应该从宏观上给予学生积极的支持，创设一些活动和课程引导学生树立正确的学习态度和学习动机；同时，给予教师积极的教学资源和硬件支持等。

（二）以基于认知学术语言能力的发展为视角改进教学策略

在传统教学中，主要以教师讲授为主，教师语言输出的可理解性较低，学生语言输出训练的机会较少，教学基本沿着"教师—信息通道—学生"式的主线进行。本书基于"教师可理解性语言输入—有效的语言互动—学生大量的语言输出训练"为基础，以"教师发话—学生回答—教师积极反馈"为主线，提出基于数学认知学术语言能力发展的教学策略。这些教学策略的有效性得到了教学实验的证实，对国家通用语言数学教学具有一定的启示作用。

1.依据语言发展阶段进行教学策略的设计

基于认知学术语言能力发展的数学教学策略的设计具有一定的语言习得理论基础。本书依据克拉申的可理解性语言输入假说、蓝恩的语言互动假说和斯维恩的语言输出假说将语言学习的阶段划分为"输入—内化—输出"三个阶段，分别对应于"发生—同化—表达"三个外在的行为表现。其中，"发生"是与数学知识相关的语言信息引起学生内在注意的过程。在这个过程中，教师的"可理解性语言输入"成为学生认知是否能够发展的关键。"同化"指学生能够将基于语言的数学信息纳入已有的认知结构中，内化为自己的知识经验，从而发展数学能力。"表达"是基于语言学习的最后一个阶段，通过将已经掌握的数学知识以口语或书面语的形式表达出来，以此检验数学知识的掌握情况。教学实践中发现，学生的数学认知学术语言能力整体状况较弱。因此，相应的教学策略应该从语言理解能力、语言转译能力和语言表达能力三个方面提出。对应这三个语言能力的教学策略，在实际的教学过程中应该注意以下三点：

（1）教师"脚手架"的主导性作用的发挥。"脚手架"的概念是布鲁纳等人在维果斯基"最近发展区"理论的基础上提出的概念，意思指儿童和新手还不能独立地运用某些知识和技能，通过与成人或专家的互动便可以获得这些知识和技能，而成人或专家此时起到的便是类似于"脚手架"的功能。❶教师在整个教学过程中起到了主导性的作用，在基于认知学术语言能力发展的教学策略设计中，教师的这一主导作用尤为突出。首先，"可理解性语言输入"的前提是学生能够理解教师或教学媒体的语言输出。这需要教师在课前做好充足的教学准备，课堂中输出的每一句话都应该在学生的理解范围之内，对于新的概念、公式、定理也需要准备好充足的可理解性的语言和案

❶ 王洁."脚手架理论"指导下的翻转课堂设计策略探索［J］.教学研究，2018（3）：81–87；康丹，胡利繁，张利，等.搭建适宜幼儿学习和发展的"脚手架"［J］.基础教育研究，2018（7）：76–78.

例，学生在理解过程中，教师充当"脚手架"，帮助学生进行深入的语义式理解。其次，在语言互动过程中，教师作为积极的"发话者"，注意话题和语言的选择，并鼓励学生积极发言，及时给予反馈。对学生的语言表达进行适当的奖励和惩罚，激发学生的学习兴趣，正确引导学生的学习动机。最后，教学策略的设计体现于语言表达能力的提升。在课堂学习中，教师为学生创造不同的语言表达机会，鼓励学生积极发言，通过小组讨论、互动等方式让每位同学参与语言表达过程。此外，教师依据学生的具体学习情况，布置适当的家庭作业，例如"数学日记"等，强化学生的书面表达能力等。综上，教师在整个教学过程中，对学生的学习起到了"脚手架"的作用，这一作用体现在两个方面，一是学生语言能力发展的"脚手架"，二是数学知识学习的"脚手架"。

（2）把握数学认知学术语言的特点进行教学策略的设计。教学策略的设计与具体学科的特点紧密相联，数学认知学术语言从内容上包括符号语言、文字语言和图表语言，具有精确性、严谨性、抽象性和简练性的特征。因此，在进行具体的教学策略设计时，依据具体知识内容的特征选择合适的教学策略。例如：对于公式的教学，属于符号语言的教学，教师先提出问题，然后小组讨论解决问题，最后教师总结推导公式，而不是直接板书公式，进行公式的讲解。由于公式属于符号语言，符号语言的讲解和学习离不开文字语言的表达，甚至可以借助图表语言进行辅助理解。直接的符号语言讲解不宜于学生理解公式的本质含义，通过适当的教学策略和语言学习阶段的结合，能够使学生有效地理解公式。

（3）有效了解学生的最近发展区。"最近发展区理论"由维果斯基提出。他认为，受教育者的发展水平有两个：一是受教育者现有的发展水平，具体指受教育者能够独自处理问题的水平；二是受教育者通过一定的学习可能达到的水平，具体指通过成人、老师或家长的帮助能够顺利解决问题的能力水平。前者与后者之间存在的能力水平即为最近发展区。❶基于认知学术语言能力发展的数学教学策略的提出依据"最近发展区理论"，这里的最近发展区具体指学生现有的能够运用国家通用语言解决数学问题，与通过学习后能够独立使用国家通用语言进行数学问题解决之间区域。本书中学生在国家通用语言数学学习中的最近发展区包括两个方面：一是国家通用语言发展的最近发展区；二是数学知识学习的最近发展区。这两个发展区存在一定的交互作用，数学知识的学习基于国家通用语言能力的发展，国家通用语言数学认知学术语言能力的发展促进数学知识的学习。因此，教师在教学策略的制定过程中，应该充分了解学生的最近发展区，制定合乎语言能力发展和数学能力发展的教学策略。

2. 依据具体教学内容进行教学策略选择

基于数学认知学术语言能力发展的教学策略的制定总体方针依据语言能力发展的三个阶段，由于这一模式的教学内容包

---

❶ 陈姝颐. 解释学思想阐释维果斯基"最近发展区"[J]. 当代教育理论与实践，2018，10（5）：32-35；钟启泉. 最近发展区：课堂转型的理论基础 [J]. 全球教育展望，2018，47（1）：11-20，34；徐美娜."最近发展区"理论及对教育的影响与启示 [J]. 教育与教学研究，2010，24（5）：14-16，23.

括两个方面，即语言学习和数学课程知识学习。因此，在教学策略的选择上，应该依据具体的教学内容，选择合适的、有利于课堂教学进程的教学策略。每一堂课可以选用不同的教学策略，也可以只使用一种教学策略。例如，为了提高学生的书面表达能力，教师会适时布置一定的"数学日记"，结果发现，并不是所有的授课内容都适合"数学日记"的教学策略，特别涉及一些抽象性较强的内容，学生做起来就较为困难，例如有关日期的学习，学生较难明白"闰二月"的概念，在写数学日记时的表达就更为困难。这一方法并不能提高学生的书面表达能力，反而给学生造成学习负担。因此，教师应该依据具体的学习内容在课前选择合适的教学策略，才能达到有效教学的目的。

3.依据实际学情进行教学策略实施

教学论中对"学情"的定义是一种静态的描述，指对学生学习情况的了解，进而指导学生的学习方法。而学情分析是教学研究的重要生长点，其目的是"以学定教"，主要内容是分析影响学生在学习过程中的影响因素，为教学设计和教学实践提供行动基础和策略指南。❶基于认知学术语言能力发展的教学策略的设计同样需要对学生的学情进行分析，这一分析主要包括两个方面。一方面，学生在每堂课学习之前的原有国家通用语言水平，教师需要对学生的这一语言能力进行课前评估，

---

❶ 邵燕楠，黄燕宁.学情分析：教学研究的重要生长点 [J].中国教育学刊，2013（2）：60-63；时晓玲.学情分析的误区及其对策研究 [J].教师教育研究，2013，25（2）：69-73；马文杰，鲍建生."学情分析"：功能、内容和方法 [J].教育科学研究，2013（9）：52-57.

即学生通过学习能否使用国家通用语言顺利进行问题解决。如果教师没有这样的学情了解，很可能会使得教学策略适得其反。另一方面，主要指教师在整个课堂教学中，对学生语言理解能力、语言转译能力和语言表达能力的过程性了解。三种语言能力的提升可以在每堂课中均得到体现，教师需要了解学生在每个语言学习阶段的情况。如果学生没有达到语言的理解，不适合进行下一步的语言转译能力的提升。只能在理解的基础上，进行语言转译能力的提升，在语言理解和转译能力共同达标的情况下，进行语言表达能力的训练。这一过程中，教学策略的选择依据具体语言学习阶段和教师对学生学情的了解。

（三）以"语言与数学知识"整合式教学设计为视角的教学设计的改进

在传统的教学设计中，一般依据相应课程的课程目标和大纲进行教学设计，教学设计的目标和内容也基本依据课标中的要求。本书将"语言学习"与"课程知识"学习进行整合，强调基于认知学术语言能力发展的"课语整合式"教学设计。研究发现，这一教学设计能够有效地提高教师的教学效率，其教学设计的思想具有如下启示：

（1）"知识与语言整合式发展"的教学目标，更加明晰了国家通用语言教学的教学目标。基于认知学术语言能力发展的国家通用语言数学教学强调其教学目标包括两个方面：一是以国家通用语言的形式进行的数学认知学术语言学习的目标；二是具体数学课程知识学习的目标。语言学习的目标包括三个方面：语言理解能力发展目标、语言转译能力发展目标和语言表达能力发展目标。在具体课程教学目标的设定过程中，教师需要对相应的数学知识依据学生的具体学情，进行特定语言学习目标的设置。因此，这一目标没有统一的标准。各学校和班级依据学生的实际国家通用语言掌握情况进行设计，具有灵活性。恰当教学目标的设定能够为教师的有效教学指明方向，也为具体教学过程的顺利进行提供前提保障。

（2）"知识与语言整合式发展"的教学过程，强调了国家通用语言教学过程中语言与知识学习的交互作用。在基于"知识与语言整合发展"式教学目标的基础上，教师需要实施完成这一目标的教学过程。在教学过程中，教学的内容主要包括两个方面：一是基于语言学习目标的学习内容；二是基于课程标准的相应课程知识学习内容。教师在这一过程中，需要把握好两者之间的关系，两个内容的学习并不是独立进行的，数学认知学术语言是数学知识的语言载体，数学知识通过数学认知学术语言进行表达，数学认知学术语言能力的提高同时促进数学知识的掌握。因此，教师在教学时，需要恰当地把握两者的关系，权衡两者的关系发展。此外，为有效地提高教学效率，进一步提高学生的学习动机和兴趣，教师需要依据相应的教学内容选择恰当的教学策略。教师依据具体学习内容和学生情况选择合适教学策略促进教学效果。

参考文献

（一）中文期刊文献

［1］蔡金法，徐斌艳.也论数学核心素养及其构建［J］.全球教育展望，2016，45（11）：3–12.

［2］常俊跃，董海楠.英语专业基础阶段内容依托教学问题的实证研究［J］.外语与外语教学，2008（5）：37–40.

［3］陈彩云.试析语言障碍因素对于青海少数民族预科生数学学习的影响［J］.兰州教育学院学报，2017，33（4）：111–112，147.

［4］陈开顺.从认知角度重新探讨语言能力的构成与表征［J］.外语研究，2002（3）：16–21.

［5］陈莉.国内内容依托教学理念研究述评［J］.沈阳工程学院学报（社会科学版），2011，7（4）：548–550.

［6］陈慕侨.CBI与认知学术语言能力的培养［J］.福建教育学院学报，2015，16（1）：99–101.

［7］陈琼，翁凯庆.试论数学学习中的理解学习［J］.数学教育学报，2003（1）：17–19.

［8］陈姝颐.解释学思想阐释维果斯基“最近发展区”［J］.当代教育理论与实践，2018，10（5）：32–35.

［9］邓永汉.浅析语言因素对苗族学生理解应用题带来的困难［J］.贵州

师范大学学报（自然科学版），1989（S1）：95–99.

［10］杜丽伟．基于学生本位引导数学交流——"学为中心"背景下优
化小学生数学交流的思考与实践［J］．数学教学通讯，2018（7）：
31–32.

［11］冯回祥．运用同化与顺应理论　提高学生认知水平［J］．新课程研究
（上旬），2014（8）：117–118.

［12］甘火花．论小学数学教案中的过程设计与呈现［J］．课程·教材·教
法，2017（12）：57–63.

［13］高新桥，何耀华．利用学情分析工具　准确把握教学起点［J］．基础
教育论坛，2019（33）：34–36.

［14］耿玉玲．浅析情境教学法在国家通用语教学中的运用［J］．汉字文
化，2019（3）：78–80.

［15］郭民，史宁中．小学生数感发展规律与特征的实证研究及其启示
［J］．数学教育学报，2011，20（1）：23–25.

［16］郭小纯．克拉申第二语言习得监察模式理论综述［J］．桂林师范高等
专科学校学报，2008，22（4）：84–87.

［17］郭雅彩．数学阅读及其教育功能［J］．陕西师范大学学报（自科版），
2002（S1）：107–109.

［18］何丽华．在小学数学教学中如何培养学生的反思意识［J］．教育管理
与艺术，2014（5）：199.

［19］胡艳明．基于课语整合式学习的国家通用语言文化教学探析［J］．国
家通用语言文字教学与研究，2019（5）：10–12.

［20］黄甫全，李灵丽．新兴课语整合式学习的有效实施策略［J］．外语
界，2015（3）：16–24.

［21］黄敬，王佶旻．基于结构方程模型的高级水平汉语学习者语言理解
能力结构探究［J］．华文教学与研究，2013（2）：24–35.

［22］黄敏，唐雪梅，黄邵娟，等．二语词义通达模型、影响因素及其

交互效应［J］.四川师范大学学报（社会科学版），2019，46（3）：127-133.

［23］黄雪萍，左璜.课目与语言整合式学习模式的兴起、课程建构与启示［J］.外国教育研究，2013（11）：39-50.

［24］加涅，布里格斯，皮连生，等.加涅的学习结果论［J］.新课程教学，2014（2）：66-70.

［25］贾福录，宋燕晖，张丹.数据分析观念的理解——《义务教育数学课程标准（2011年版）》解析之九［J］.数学教育，2012（Z2）：34-35.

［26］金晓兵.双语表征的神经机制研究综述［J］.当代外语研究，2012（2）：29-34.

［27］金烨，姚建华.内容依托式英语教学中大学生思辨能力培养的策略初探［J］.课程教育研究，2017（18）：81-82.

［28］康丹，胡利繁，张利，等.搭建适宜幼儿学习和发展的"脚手架"［J］.基础教育研究，2018（7）：76-78.

［29］旷小芳，严薇薇，陈玉婷，等.小学生二语认知模式发现及认知能力提升研究［J］.现代教育技术，2019，29（2）：73-80.

［30］雷春林.内容教学法（CBI）与复合型外语专业教学——以商务英语教学模式为例［J］.外语电化教学，2006（3）：32-38.

［31］李丹凌，强海燕.欧洲新兴课目与语言整合式学习教师能力建构和培养研究［J］.高教探索，2016（9）：68-74.

［32］李吉宝，史可富.数学认知结构的特征与数学学习过程研究［J］.数学教育学报，2005（3）：80-82.

［33］李灵丽，黄甫全，曾文婕.新兴课语整合式学习的课程开发原理与方法［J］.课程·教材·教法，2016，36（12）：107-114.

［34］李士锜.关于数学教育心理学研究的几点思考［J］.数学教育学报，1994（2）：31-36.

［35］李淑文，张同君."超回归"数学理解模型及其启示［J］.数学教育学报，2002（1）：21-23.

［36］李霞，兰英.基于社会文化学派理论的第二语言学习观及其述评［J］.外语教学理论与实践，2007（2）：54-61.

［37］李星云.数学阅读——开启数学宝库的金钥匙［J］.云南教育（小学教师），2007（Z2）：29-31.

［38］梁爱民.维果斯基"最近发展区"理论框架下语言知识构建机制研究［J］.济南大学学报（社会科学版），2012，22（4）：29-32，91.

［39］林青."说"数学，让学生的思考更深入［J］.小学数学教育，2018（4）：30，38.

［40］林小琴.加涅信息加工学习理论与教学设计［J］.福建论坛（人文社会科学版），2010（S1）：100-101.

［41］刘红熠.奥苏贝尔学习理论及其对新课程课堂教学改革的价值探讨［J］.当代教育理论与实践，2012，4（2）：116-118.

［42］刘会英，黄甫全.开辟外语教学走向文化自觉的新路径——论欧洲新兴课语整合式学习的文化原理［J］.比较教育研究，2013，35（8）：73-77.

［43］刘会英，黄甫全.欧洲新兴课语整合式学习（CLIL）的背景、视角与启示［J］.广东外语外贸大学学报，2013（5）：87-91，100.

［44］刘会英.培育跨文化理解能力——论课语整合式学习作为一种文化教育范式［J］.教育发展研究，2014（6）：45-52.

［45］刘燕.语言与思维的关系述评［J］.外国语文，2012（2）：89-92.

［46］刘哲雨，王志军，倪晓萌.Avatar虚拟环境支持CALLA模式的教学研究［J］.现代教育技术，2016，26（7）：44-50.

［47］龙湛.内容依托式教学效用研究——以"英美历史"课程为例［J］.西部素质教育，2018，4（5）：125-127.

［48］吕林海.错误分析与数学理解：基于心智表征的分析［J］.全球教育

展望，2004（11）：66–70.

［49］马复.试论数学理解的两种类型——从 R.斯根普的工作谈起［J］.数学教育学报，2001，10（3）：50–53.

［50］马文杰，鲍建生."学情分析"：功能、内容和方法［J］.教育科学研究，2013（9）：52–57.

［51］满在江.二语语言能力描述语库建设的理论与实践［J］.语言科学，2013，12（6）：592–598.

［52］裴新宁.社会建构论及其教育意义［J］.全球教育展望，2001，30（10）：20–24.

［53］乔海叶.基于学情分析的小学数学课堂教学设计策略探究［J］.数学学习与研究，2017（10）：57.

［54］桑紫宏.《第二语言习得中的理论：导论》评介［J］.华文教学与研究，2018（1）：8–15.

［55］邵光华，刘明海.数学语言及其教学研究［J］.课程·教材·教法，2005（2）：36–41，35.

［56］邵海静，付京香.内容依托式教学模式在大学英语教学中的应用［J］.山西师大学报（社会科学版），2016，43（1）：109–112.

［57］邵燕楠，黄燕宁.学情分析：教学研究的重要生长点［J］.中国教育学刊，2013（2）：60–63.

［58］石向实.论发生认识论的同化和顺应概念［J］.内蒙古社会科学（文史哲版），1996（3）：19–23.

［59］石毓智.语言能力合成说的认知心理学证据［J］.语言研究，2007（3）：59–68.

［60］时晓玲.学情分析的误区及其对策研究［J］.教师教育研究，2013，25（2）：69–73.

［61］宋孔尧.实践中的 Krashen 输入假说和 Swain 输出假说：设计"i+1"教学技巧［J］.外语教学理论与实践，1994（1）：26–28.

［62］孙宝霞 . 小学数学阅读理解能力的培养策略［J］. 基础教育研究，
2015（17）：43-44.

［63］孙群若 . 小学数学问题解决能力培养探究［J］. 南昌教育学院学报，
2015（3）：110-113.

［64］谭爱平，何晓军 . 简论数学认知与语言认知差异性及其启示［J］. 教
学与管理，2012（30）：119-120.

［65］童莉，张号，张宁 . 义务教育阶段学生数据分析观念的评价框架建
构［J］. 数学教育学报，2014，23（2）：45-48.

［66］王成营 . 浅谈数学符号意义获得能力及其在问题解决中的培养［J］.
课程・教材・教法，2012（11）：74-78.

［67］王洁 ."脚手架理论"指导下的翻转课堂设计策略探索［J］. 教学研
究，2018（3）：81-87.

［68］王晶 . 解析言语能力发展的建构过程［J］. 外语学刊，2011（3）：
88-91.

［69］王晓凤 . 浅谈在小学数学教学中培养学生的反思意识［J］. 科学中国
人，2015（7）：366.

［70］韦俊，王娟娟，郭宝珠，等 . 维汉双语数学教学课例研究［J］. 数学
教育学报，2005，14（3）：90-92.

［71］韦力慧 . 浅谈学生数学阅读能力的培养［J］. 教育理论与实践，2014
（29）：58-59.

［72］魏雪峰，崔光佐 . 小学数学问题解决认知模型研究［J］. 电化教育研
究，2012（11）：79-85，114.

［73］温忠义 ."英语语言表达能力"概念界定及评价指标研究［J］. 重庆
大学学报（社会科学版），2015，21（2）：155-161.

［74］吴进善 . 维果茨基的语言与思维关系理论解读［J］. 西北民族大学学
报（哲学社会科学版），2016（2）：124-130.

［75］吴潜龙 . 关于第二语言习得过程的认知心理分析［J］. 外语教学与研

究，2000（4）：290–295.

[76] 向明友，张兢田．论语言与思维的关系［J］. 同济大学学报（社会科学版），2009，20（4）：91–95.

[77] 熊晓满．从信息加工论看第二语言习得［J］. 新课程研究（中旬刊），2015（2）：42–44.

[78] 徐碧波．信息加工理论与加涅的学习观［J］. 外国教育动态，1988（1）：19–23.

[79] 徐美娜．"最近发展区"理论及对教育的影响与启示［J］. 教育与教学研究，2010，24（5）：14–16，23.

[80] 徐美新，吴宏．指向深度学习的数学日记写作［J］. 齐鲁师范学院学报，2019，34（2）：66–74.

[81] 徐文彬，喻平．"数感"及其形成与发展［J］. 数学教育学报，2007（2）：8–11.

[82] 杨红，王芳，周加仙，等．数学学习的认知与脑机制研究成果对数学教育的启示［J］. 教育发展研究，2014（22）：37–43.

[83] 杨清霞．语言与少数民族学生的数学学习刍议——以中央民族大学预科新疆民考民学生为例的分析思考［J］. 民族教育研究，2011（2）：62–65.

[84] 杨亦鸣，刘涛．中国神经语言学研究回顾与展望［J］. 语言文字应用，2010（2）：12–25.

[85] 杨亦鸣．语言能力新视野与社会发展［J］. 语言科学，2016，15（4）：343–346.

[86] 叶子，庞丽娟．师生互动的本质与特征［J］. 教育研究，2001（4）：30–34.

[87] 尹贝．"最近发展区"在第二语言习得研究中的影响与拓展［J］. 淮南师范学院学报，2016，18（5）：59–63.

[88] 余文森．有效教学三大内涵及其意义［J］. 中国教育学刊，2012

（5）：42–46.

［89］喻平.知识表征与数学学习［J］.上海师范大学学报（哲学社会科
学·教育版），2002（1）：49–52.

［90］袁平华，王晓姣，陈兆军.大学英语环境中从基本社会交往能力到
认知学术语言能力的培养［J］.九江职业技术学院学报，2014（1）：
71–72，61.

［91］张德鑫.谈语言能力及能力测试［J］.语言文字应用，1997（4）：
63–69.

［92］张强，杨亦鸣.语言能力及其提升问题［J］.语言科学，2013，12
（6）：566–578.

［93］张诗雅，马少云.课语整合式学习：融汇语言与文化的民汉双语教
育新理念［J］.中国民族教育，2018（6）：14–18.

［94］张文超，范蔚.小学生数学语言发展的教育机理与操作路径［J］.中
小学教师培训，2016（11）：46–50.

［95］张文超，吕小红.“说数学”教学模式对提高小学生问题解决能力的
实验研究［J］.西南农业大学学报（社会科学版），2013，11（3）：
177–181.

［96］赵秀艳，夏洋，常俊跃.英语专业基础阶段内容依托教学课程体系
改革的实践效果研究［J］.外语与外语教学，2014（1）：47–53.

［97］赵玉青，王新辉.最近发展区理论在自主学习中的应用［J］.重庆科
技学院学报（社会科学版），2008（9）：191–192.

［98］郑家平.汉语学习者重述反馈注意度研究［J］.汉语学习，2015
（6）：78–88.

［99］钟进均.基于语言学视角的“说数学”探究［J］.数学通报，2013，
52（3）：11–14，17.

［100］钟启泉.最近发展区：课堂转型的理论基础［J］.全球教育展望，
2018，47（1）：11–20，34.

［101］周东明，姚相全．何谓小学生的符号感？［J］．人民教育，2010
（19）：47–48.

［102］周帆．语言输入与第二语言习得研究——评《第二语言习得研究概
况》［J］．当代教育科学，2014（10）：78–79.

［103］周汉锋．浅论化学课堂师生互动的特征取向［J］．新课程研究（下
旬），2009（2）：126–127.

［104］周苏君．论语言与思维的关系［J］．北方文学（下半月），2011
（2）：121.

［105］朱爱玲．发展思维：小学数学核心素养的核心体现——以"三角形
的面积"教学为例［J］．小学数学教育，2018（11）：8–9，19.

［106］朱淑凤．小学数学空间观念的教学渗透［J］．小学数学教育，2016
（23）：49.

［107］朱正才，范开泰．语言听力理解能力的认知结构与测试［J］．语言
教学与研究，2001（3）：41–46.

［108］朱立明，马云鹏．义务教育阶段学生数学符号意识发展水平的实证
研究［J］．课程·教材·教法，2018，38（3）：87–94.

（二）中文学位论文

［1］甘阳．任务型教学模式在中国学生英语虚拟语气教学中的应用［D］．
重庆：西南大学，2006.

［2］何善亮．有效教学批判［D］．南京：南京师范大学，2007.

［3］蒋荣．基于社会文化理论的互动与第二语言学习者词汇习得效应的研
究［D］．北京：北京语言大学，2009.

［4］李丽娜．加强小学低年级学生数学阅读指导的行动研究［D］．北京：
首都师范大学，2009.

［5］林硕．小学英语整合化教学设计研究［D］．漳州：闽南师范大学，

2017.

［6］刘宏宏．学生数学阅读心理机制及教学策略研究［D］．太原：山西师范大学，2014.

［7］刘瑾．内容依托教学（CBI）理念在中等职业学校药学英语教学中的应用研究［D］．上海：上海师范大学，2012.

［8］钱金萍．CBI课堂写作与认知学术语言能力的发展［D］．杭州：杭州师范大学，2014.

［9］瞿兵．论数学学习中的理解学习［D］．南京：南京师范大学，2004.

［10］张文超．小学生数学语言能力发展的教学模型［D］．重庆：西南大学，2017.

［11］钟志华．理解性数学教学论［D］．南京：南京师范大学，2007.

［12］朱黎生．指向理解的小学"数与运算"内容的教材编写策略研究［D］．重庆：西南大学，2013.

［13］朱立明．义务教育阶段学生数学符号意识发展水平研究［D］．长春：东北师范大学，2017.

（三）中文著作

［1］奥尔特加．理解第二语言习得［M］．冯蕾，邵钦瑜，译．北京：中国书籍出版社，2016.

［2］曹一鸣．数学教学论［M］．北京：高等教育出版社，2008.

［3］崔允漷．有效教学［M］．上海：华东师范大学出版社，2009.

［4］丁锦红，张钦，郭春彦．认知心理学［M］．北京：中国人民大学出版社，2010.

［5］高峰强，秦金亮．行为奥秘透视：华生的行为主义［M］．武汉：湖北教育出版社，1999.

［6］戈尔茨坦．认知心理学：心智、研究与你的生活［M］．3版．张明，

等译.北京：中国轻工业出版社，2015.

［7］格劳斯.数学教与学研究手册［M］.陈昌平，王继延，陈美廉，等译.上海：上海教育出版社，1999.

［8］GRANT W，JAY M.追求理解的教学设计［M］.2版.闫寒冰，宋雪莲，赖平，译.上海：华东师范大学出版社，2017.

［9］顾泠沅.数学课堂教学研究［M］.上海：上海教育出版社，2010.

［10］雷蕾.以汉语为母语双语者的双语句法表征和处理研究［M］.武汉：华中科技大学出版社，2013.

［11］李士锜.PME：数学教育心理［M］.上海：华东师范大学出版社，2001.

［12］刘颂浩.第二语言习得导论：对外汉语教学视角［M］.北京：世界图书出版公司，2007.

［13］吕林海.数学理解性学习与教学［M］.北京：教育科学出版社，2013.

［14］彭聃龄.普通心理学［M］.4版.北京：北京师范大学出版社，2012.

［15］皮连生.教育心理学［M］.3版.上海：上海教育出版社，2004.

［16］R.M.加涅.学习的条件和教学论［M］.皮连生，王映学，郑葳，等译.上海：华东师范大学出版社，2001.

［17］史宁中.义务教育数学课程标准解读：2011年版［M］.北京：北京师范大学出版社，2012.

［18］王甦，汪安圣.认知心理学［M］.北京：北京大学出版社，2019.

［19］杨亦鸣.语言能力训练：口语篇［M］.北京：高等教育出版社，2012.

［20］余嘉元.当代认知心理学［M］.南京：江苏教育出版社，2001.

［21］张乃达.数学思维教育学［M］.南京：江苏教育出版社，1990.

［22］周加仙.教育神经科学引论［M］.上海：华东师范大学出版社，2009.

（四）英文文献

［1］AMMAR A. Understanding Second Language Acquisition（Review）［J］. Canadian Modern Language Review，2009，66（3）：467–469.

［2］BACHMAN L F. Fundamental Considerations in Language Testing［M］. Oxford：Oxford University Press，1990：56–58.

［3］BRWELL R. Multilingualism in Mathematics Classrooms：Global Perspectives［J］. Canadian Journal of Science Mathematics & Technology Education，2010，10（2）：173–176.

［4］BRWELL R. Multilingualism in Mathematics Classrooms：Global Perspectives［M］. Bristol：Multilingual Matters, 2009：139–142.

［5］BRANNON E M，ABBOTT S，LUTZ D J. Number Bias for the Discrimination of Large Visual Sets in Infancy［J］. Cognition，2004，93（2）：59–68.

［6］CARROLL J B. Defining Language Comprehension：Some Speculations［J］. Research Memorandum，1971，31（3）：23–55.

［7］CHAMOT A U，O' MALLEY J M. The Cognitive Academic Language Learning Approach：A Bridge to the Mainstream［J］. Tesol Quarterly，1987，21（2）：227–249.

［8］CLARKSON P C，GALBRAITH P. Bilingualism and Mathematics Learning：Another Perspective［J］. Journal For Research In Mathematics Education，1992，23（1）：34–44.

［9］COCKING R R，CHIPMAN S. Linguistic And Cultural Influences on Learning Mathematics［M］. London：Routledge，2013：17–46.

［10］COYLE D. Content and Language Integrated Learning：Towards a Connected Research Agenda for Clil Pedagogies［J］. International Journal of

Bilingual Education & Bilingualism, 2007, 10（5）: 543-562.

［11］CUMMINS J. Language, Power, and Pedagogy: Bilingual Children in the Crossfire［M］. Bristol: Multilingual Matters, 2000: 102-110.

［12］CUMMINS R P. Test Review: The Nelson-Denny Reading Test（Forms E And F）［J］. Journal Of Reading, 1981, 25（1）: 54-59.

［13］DALTON P C, NIKULA T. Content and language integrated learning［J］. The Language Learning Journal, 2014, 42（2）: 117-122.

［14］DICKER C. The CALLA Handbook: Implementing the Cognitive Academic Language Learning Approach［J］. Tesol Quarterly, 1994, 28（3）: 647-648.

［15］GRABNER R H, SAALBACH H, ECKSTEIN D. Language-Switching Costs in Bilingual Mathematics Learning［J］. Mind, Brain, and Education, 2012, 6（3）: 147-155.

［16］KHISTY L L, CHVAL K B. Pedagogic Discourse and Equity in Mathematics: When Teachers' Talk Matters［J］. Mathematics Education Research Journal, 2002, 14（3）: 154-168.

［17］KROLL J F, STEWART E. Category Interference in Translation and Picture Naming: Evidence for Asymmetric Connections Between Bilingual Memory Representations［J］. Journal of Memory and Language, 1994, 33（2）: 149-174.

［18］LARA-ALECIO R, PARKER R I. A Pedagogical Model for Transitional English Bilingual Classrooms［J］. Bilingual Research Journal, 1994, 18（3-4）: 119-133.

［19］LONG M H. Native Speaker/Non-Native Speaker Conversation and the Negotiation of Comprehensible Input1［J］. Applied Linguistics, 1983, 4（2）: 126-141.

［20］MCDONOUGH K. Theories in Second Language Acquisition: An Introduction[J]. Language and Education, 2008, 22 (2): 181–182.

［21］MEYER O. Towards Quality Clil: Successful Planning and Teaching Strategies[J]. Pulso: Revista De Education, 2010 (33): 11–29.

［22］MOSCHKOVICH J. Supporting the Participation of English Language Learners in Mathematical Discussions[J]. For the Learning of Mathematics, 1999, 19 (1): 11–19.

［23］MOSCHKOVICH J. Using Two Languages When Learning Mathematics [J]. Educational Studies in Mathematics, 2007, 64 (2): 121–144.

［24］OLIVER R. Age Differences in Negotiation and Feedback in Classroom and Pairwork[J]. Language Learning, 2000, 50 (1): 119–151.

［25］PHILP J. Constraints on "Noticing the Gap": Nonnative Speakers' Noticing of Recasts in Ns–Nns Interaction [J]. Studies in Second Language Acquisition, 2003, 25 (1): 99–126.

［26］PRICE G R, HOLLOWAY I, RÄSÄNEN P, et al. Impaired Parietal Magnitude Processing in Developmental Dyscalculia[J]. Current Biology, 2007, 17 (24): 1042–1043.

［27］SCARCELLA R C, HIGA C. Input, Negotiation, and Age Difference in Second Language Acquisition [J]. Language Learning, 1981, 31 (2): 409–434.

［28］SETATI M. Teaching Mathematics in A Primary Multilingual Classroom [J]. Journal for Research in Mathematics Education, 2005, 36 (5): 447–466.

［29］SHIH M. Content–Based Approaches to Teaching Academic Writing[J]. Tesol Quarterly, 2012, 20 (4): 617–648.

［30］SWAIN M, LAPKIN S. Problems in Output and the Cognitive Processes They Generate: A Step Towards Second Language Learning[J]. Applied Linguistics, 1995, 16 (3): 371–391.

后　记

　　书稿是在本人博士学位论文的基础上修改完成的。书稿中包含了读博时的艰辛和不易，我想，只有经历过的人才能体会。将视线从电脑前移开转向窗外，这是我几年来学习和写作过程中休息眼睛的方式，窗外的景色从春天到冬天，又从冬天到了春天，反反复复五个春秋。

　　感谢我的导师闻素霞教授给了我一个在家门口读博的机会，让我可以在照顾孩子的同时完成学业。在平日的工作中，闻老师大气、睿智的工作方式总是感染着我。在我读博期间，闻老师严谨的治学态度、敏锐的学术洞察力和逻辑思维能力也一直影响着我。感谢闻老师五年来的精心指导，更感谢闻老师的谆谆教诲和温暖关怀，论文的顺利完成也凝聚着老师的心血，师恩终将一生难忘。

　　在这十几万文字的书稿背后承载着众多人的帮助和鼓励。衷心感谢新疆师范大学教育科学院院长赵建梅教授，在我读博期间对我的鼓励和支持；感谢新疆师范大学买合甫来提教授、王阿舒教授、曹湘洪教授，以及北京师范大学檀传宝教授，华东师范大学丁钢教授、吴刚平教授，云南师范大学王鉴教授提出的宝贵建议；感谢我的同事兼好友毛菊博士和程良宏博士对书稿构思和写作的帮助；感谢余宏亮博士对书稿框架的指导。感谢知识产权出版社王颖超编辑对书稿耐心的修改以及在出版过程中给予的大力支持。

感谢我的丈夫刘毅先生，在我们互相鼓励读博的日子里，有阳光也有风雨，有欢笑也有泪水，幸运的是所有的付出终于换来了幸福的开始。感谢亲爱的你在我受挫时给我宽厚的肩膀让我依靠，所有的溢美之词都无法表达我对你的谢意，期待满头白发的你我坐在摇椅上慢慢变老的那一天，依然可以执子之手、与子偕老。感谢我调皮可爱的女儿陪我一起走过了那段难忘的日子，那几年爸爸在上海读博，我独自一人带着你上课。还记得我们一起冒着大风大雪去新校区上政治课，因为没有车，那么小的你和我在大雪里一起徒步了好几公里才打到出租车。你总是幼儿园里最后一个被接走的孩子，看着你期待的眼神，我的心里五味杂陈。感谢你陪我们一起走过了最艰难的日子，也感谢你带给我们的快乐和幸福。

焦江丽

2024 年 4 月